全国小学生校园美文精品集萃丛书

七色阳光小少年

我和月亮说悄悄话

《语文报》编写组 编

时代文艺出版社

图书在版编目（CIP）数据

我和月亮说悄悄话／《语文报》编写组编. —长春：时代文艺出版社，2018.8（2023.6重印）
（"七色阳光小少年"全国小学生校园美文精品集萃丛书）

ISBN 978-7-5387-5860-3

Ⅰ.①我… Ⅱ.①语… Ⅲ.①作文－小学－选集 Ⅳ.①H194.4

中国版本图书馆CIP数据核字（2018）第114675号

出 品 人　陈　琛
产品总监　郭力家
责任编辑　刘　兮
装帧设计　孙　利
排版制作　隋淑凤

我和月亮说悄悄话

《语文报》编写组 编

出版发行／时代文艺出版社
地址／长春市福祉大路5788号　龙腾国际大厦A座15层　邮编／130118
总编办／0431-81629751　发行部／0431-81629758
官方微博／weibo.com／tlapress
印刷／北京一鑫印务有限责任公司
开本／700mm×980mm　1／16　字数／153千字　印张／11
版次／2018年8月第1版　印次／2023年6月第5次印刷　定价／34.80元

图书如有印装错误　请寄回印厂调换

编 委 会

目　录

001

并蒂莲的记忆

眼睛的烦恼

别小看了这张纸

上帝的第一份礼物

小河边的欢笑

栀子花飘啊飘

栀子花又在飘香了。

暗香浮动的夜晚，推开成堆的作业，干脆让思绪随微微袭来的晚风飘去吧。

"下个星期一，我们要去素质教育基地。"班主任高声宣布道。"哇——"教室里顿时惊喜得炸开了锅。

栀子花飘啊飘

童　健

栀子花又在飘香了。

暗香浮动的夜晚，推开成堆的作业，干脆让思绪随微微袭来的晚风飘去吧。

"下个星期一，我们要去素质教育基地。"班主任高声宣布道，"明天每个同学交八十块钱生活费。""哇——"教室里顿时惊喜得炸开了锅。

"嘿！我姐去过那儿，可好玩了！"

"啊，老爸老妈管不着了，我可以解放几天了！我是一只小小小小鸟……""大仙"一下蹿到凳子上，手舞足蹈地卖弄起他那破锣样的公鸭嗓子。

"黛玉，我可要跟你睡上下铺的，好吗？"

"啊……哦。""黛玉"慌张地从书中抬起头来，似乎全然没在意大家在说什么。

老师要我负责收钱。我把名单数了三遍，只有四十一个人。是谁没交钱呢？唉，这个"黛玉"小姐最近不知又在揣摩什么大作，整天心思沉沉的。

"黛玉，下午一定别忘了把钱带来啊，否则就来不及了。"

"我……我……""黛玉"那会说话的眼神今天竟变得躲躲闪闪的，言语也吞吞吐吐的，半天我才听清，原来是说："我不去了。"

"为什么？"我大吃一惊。"黛玉"的嘴唇不自然地动了几下，但终没有出声。

"黛玉"平时可不是这个样子的，一定有什么难言苦衷。我断定。我必须查清楚。

私下里我连续找了"黛玉"的另外几个"死党"，谁知道她们都是一个劲儿地摇头："无可奉告。"住在"黛玉"楼下的"百灵"和我的关系有点儿铁，我把希望寄托在她身上。世上就有这么巧的事——不久前，"百灵"到"黛玉"家请教难题，无意中在她的书桌上发现了一本摊开的日记，上面赫然写道："妈妈下岗了，奶奶又病了，我真担心妈妈一个人快要撑不住了……"

怎么办？我得抓紧时间想办法帮助"黛玉"。我身边不能缺少她。于是我悄悄地找来几个班干部来商量。

"不如我们几个掏点儿钱帮她交一下吧。"班长老大为人就是爽快，话还没说完钱就掏了出来。

"好主意。我妈一听说基地生活苦，偷偷多给了我三十块钱。我估计用不了这么多。""猴哥"也开始解囊了。

"我这肥立志要减。零钱多了放在口袋里，老是勾引我的馋虫！"被几个同学戏称为"胖委会主任"的玉玉也不含糊。

"嘿！主任口袋向来捂得比上拉链还紧，今天却大方起来，我给二十块吧。""大侠"粗声嚷道。

"我这只有二十块了。"

"我多八块呢！"

"够了，够了！哦，我说一句啊，大家要守住自己的口啊，这事只有我们几个知道。"

"明白！"

动身去基地的头天下午放学时，我悄悄走到"黛玉"的桌前，"喂，老班要我告诉你，你大小姐去基地的费用，学校申请给免了。"

"真的吗？""黛玉"的眼里放射出数日以来少见的神采。

"我骗过你吗？不过你得答应我，和我睡上下铺。"

"没问题。不过你得告诉我，学校为什么要免我的费用啊？"

"这可是无可奉告了，当然要知道详情，得看你在基地的表现咯——"

在基地的那几天，"黛玉"和我们一起抢菜抢饭；斗地主，画得满脸都是乌龟。听着她那一阵阵银铃般的笑声，同学们一个个越发心花怒放。

一阵浓郁的花香又飘袭过来。我猛地一惊，深吸一口，浑身的毛孔仿佛都透溢着醉意。摊开课本，取出笔，继续我的加减乘除……

多想喊一声"爸爸"

路红笠

当老师为学生掏出真心，动了真情的时候，再顽皮的孩子也会感动。

记得三年前，我还是一个上二年级的儿童。爸爸妈妈送我去少年宫学习绘画，可我就是不太专心，有时候还十分调皮。老师上课时，一边仔细地讲解下笔的方法、步骤，一边在黑板上示范作画给我们看。可我，不是和同学们讲话就是做小动作，惹得老师不时地扫视我。

有一回，我趁老师转身在黑板上画画的时候，在下面做鬼脸，逗得大家哈哈大笑。老师严肃地走过来，但并没有声色俱厉地批评我一顿，只是和蔼地在我的头上轻轻地拍了拍，就走开了。课堂顿时一片安静，我当时十分纳闷儿：老师怎么会知道我做了小动作呢？

还有一回，我上课玩遥控小汽车。老师发现后，静悄悄地走到我身边，把小汽车收走了。当时，我又怕又恼恨，既怕老师发火而凶狠地批评我，又恼恨老师没收了我的小汽车。我真恨不得和老师胡搅蛮缠地吵闹一顿，但我终没这个胆量，因为老师会告诉爸爸妈妈。

最让我难忘的一回，也是我感动得热泪盈眶的一回，那件事也发生在课堂上。

这一回，我一反常态，上课时老老实实地趴在课桌上，没精打采地听着课。老师看到我有些异样，便不时地用那慈祥的目光打量我。当他讲完课，画完画，便径直地朝我走来，低声地亲切地问我："怎么了，是不是哪儿不舒服啊？"当时，我是一声不吭，皱着眉头，手捂着肚子，眼里噙着泪花。老师当时看同学们都捂着鼻子，大概也闻到了异味，就用他那温暖的大手拉着我来到了厕所。看来，他似乎知道了一切。老师迅速地找来了盆子、毛巾，还打来了热水，他为我洗了一遍又一遍，然后用毛巾擦干了我的身体，并快捷地用毛巾帮我裹了起来。当时，一股暖流涌遍了我的全身和心里。这之后，他还为我洗了脏裤子，给我换了一件干净的衣服……看着老师做的一切，我的泪水来了。

我真想喊一声"爸爸"，可我没有这个勇气。

如今，我已是毕业班的学生了，我忘不了那位绘画老师，我多想喊他一声"爸爸"啊！

栀子花飘啊飘

我是这样的男孩子

殷明超

我叫殷明超，阳新县长河村人。2005年春节前的一天，我匆匆赶到这个世界，和人们一道欢度春天的节日。

都说七坐八爬，可我十个月大时，竟还不能很好地坐起来，这下急坏了我的爸爸和妈妈，以为我是一个天生的残疾儿。正当一家人准备带我上医院，不料我能独立地走路了，而且比同龄的孩子走得又快又好。

爱笑、爱哭，虽是一个男孩子，却成了一个女孩子相。

农村没有幼儿园，七岁时，我直接升入了一年级，就读于村里的小学。

二年级时，我以一首动听的儿歌演唱，赢得了"六一"儿童节"文艺小能人"的称号，和爸爸妈妈的合影还上了学校的宣传栏。

三年级时，喜欢上了写日记。天天写，虽然错别字很多，但这并不影响我写作的积极性。到现在，我已有一大摞日记本了。

四年级时，身高似乎是一夜蹿了上来，在班上成了小"巨人"，也成了体育课上的"星"。可惜爱好一多，学习成绩就与个子成了反比例的关系，爸爸妈妈见了我不是摇头，就是叹气。

五年级的第二学期，我们碰见了一位新的语文老师：他说话幽默

风趣，字也写得漂亮；更让我们佩服的是，能经常在报纸上看到他写的漂亮文章。奇怪的是，我竟忘了爱好，听从了他的教导。从此，我的名字排在了考试和竞赛光荣榜的前列。

六年级，迷上了自行车，为显车技，竟把一个胳臂摔骨折。现在还记得，我是吊着绷带走进了小学毕业考试的考场。还好，我是笑着考完了所有的科目，成绩自然是不错的……

现在要成为中学生，哭自然是不爱了，好像比过去更爱笑了；爸爸妈妈见了我，更是笑得合不拢嘴。

女儿心中的雕像

张　琼

007

我的家住在江心小洲上，每天上学都得走过漫漫沙滩，蹚过小河，翻过那高高的江堤。于是每天接送我上学就成了母亲的"工作"之一。她每次都将我送到堤上，看我下了堤坡，跳跃在乡间小路上，才转身回去；晚上放学时，她又早早地守在堤上，接我回家。

幼时，我最爱伏在妈妈温暖的肩膀上，双手搂过她的脖子，听她边走边讲那有趣的故事。调皮的我还不时顺手将油菜花、紫云英插在她那乌黑的头发上，逗来她几声低低的笑骂。现在想来，那段上学的路竟承载了我童年生活中最快乐的时光之一。

每天放学后，总能看见这样一幅美丽的画面：湛蓝的天幕下扯落了漫天飞霞，绚丽的背景衬着它守望的身影，成为一道绝佳的风景。

栀子花飘啊飘

那时我总是撒开脚丫子飞跑起来，最后一头扎进妈妈的怀抱。妈妈，您可知道，这一幅美景已成为女儿心中永不褪色的名画。

冬天，北风呼啸起来了，最艰苦的时候到了。凛冽的寒风将堤坝罩上了一层坚冰，走一步，滑三滑，稍不留神，便会滚下堤坡。这时，妈妈总是背起她幼小的女儿，佝偻着背，用力抓住坡上残存的枯草，在光滑的堤坝上艰难地攀行，任寒风灌进她的脖颈，任雪花落满了她的发梢……待到放学时，她又早早地守在堤上，漫天的风雪团团裹着她，早已将她塑成了一尊洁白的雕像。那时，母亲的"雕像"便成了女儿心中温暖的灯塔。我总是欢叫着扑过去，将冻僵的小手塞进她温暖的怀里，犹如一只小鸟扑进了温馨的暖巢。

寒来暑往，在妈妈的呵护下，我顺利地读完了小学。进中学后在学校住宿，再也不用妈妈每天接送了。可是妈妈的身影早已在女儿心中定格为一尊永不磨蚀的雕像。

于是每周放学后，远远地望见那守望在堤上的熟悉身影，一种久违的感动便在全身弥漫开来，心中充满了温馨与幸福。

春节回乡

张　敏

大年初一，我还在睡梦中就听到妈妈的叫喊声："小敏，快起来！等下我们回老家，给你爷爷奶奶拜年去！"自从爸妈调往县城工作，我就随他们转到了县城读书。因为爸妈工作忙，回老家交通也不方便，三年来，我们一直没回过。在我的记忆中，老家山路全部是泥路，坑坑洼洼的，房屋破破旧旧，到处都是粪堆，厕所里苍蝇乱飞，无处下脚。想到这些，我有点儿不乐意地起床穿衣。

因我晕车，上车不久就睡着了。不知过了多久，妈妈推醒我，叫我下车。

下了车，我简直不敢相信自己的眼睛，一切都变了，我一个劲儿地问妈妈："我们是不是下错了车？"妈妈激动地说："没错，我们到家了！"眼前的景象令我惊呆了：在电影、电视里见过的乡村怎么出现在这里？平坦宽阔的公路伸向远方，山坡上到处是绿色的柚子树。公路两边的小村庄，一栋栋漂亮的小洋楼错落有致地屹立在花林丛中，外墙都贴着亮光闪闪的瓷砖，前院都种着一盆盆奇花异草。这不像市政广场旁边的别墅吗？我们沿着乡村大道往前走，隐约听到汽车的马达声。妈妈告诉我，是因为赣粤高速公路在我们村后穿过。啊？才几年，连高速公路也修进我们山里来了。

不知不觉就到了奶奶家，只见爷爷奶奶站在粉刷一新的楼房前对我笑呵呵地说："小敏，你们回来啦！"我惊奇地发现，奶奶家门口手摇的井没有了，取而代之的是自来水龙头。我尝了一口，比城里的自来水还清甜。

我随妈妈帮奶奶做饭时，发现柴灶已换成了液化气灶，我东摸摸，西瞧瞧。奶奶见我惊奇，就说："这不是液化气灶，是干净节能的沼气灶，火苗比你家的还大呢！这都是新农村建设'三清''三改'带来的好处呀！"

饭后，爷爷还带我看了村里的休闲场所，那里娱乐设施齐全、环境优美，令人心旷神怡。

家乡的变化可真大呀，以后我要常回老家，不然我真的要迷路了。

栀子花飘啊飘

我来到了天涯海角

朱佳沁

天涯海角是海南最著名的旅游景点之一。这不，我们今天就来到了天涯海角。

听许多来过天涯海角的人说，到了这里，似乎有一种到了天地之尽头的感觉。

我们来到天涯海角景点的大门口，望着波澜壮阔的大海，享受着碧水蓝天一色的奇丽景象，不禁惊叹大自然的神奇。我们沿着沙滩往天涯海角走去，赤脚走在沙滩上，海浪一个接一个向我们打来，海水打在身上感觉凉丝丝的，十分的舒服惬意。我边走边拾贝壳，这儿的贝壳大多完好无损，五彩缤纷，形状各异。大约走了一个多小时，我们终于来到了天涯海角。只见在海边立着好多块巨大的礁石，我找到了一块写着"天涯"的大石头，就是找不到写着"海角"的那一块。这时，妈妈在离我不远处发现了那块写着"海角"的石头，于是大声呼唤我过去。我欣喜地跑过去，终于看到了它。在它的旁边还有刻着"南天一柱""海判南天"等字的巨石。原来，天涯海角景区就是由这两块书写着"天涯""海角"的礁石而组成的。

我们站在天涯海角向远处眺望，只见烟波浩渺，帆影点点，椰树婆娑，奇石林立。天涯海角如诗如画，美不胜收，怪不得会成为天下

闻名的风景区了。

水 仙 花

任清怡

在我家的阳台上，摆着一盆清新淡雅的水仙花，是我八岁生日那天，姨夫从花卉市场买来送给我的，我很喜欢它。

培植水仙花很容易，因为它不像有的花那么娇贵，还要择环境、讲条件。它不需要土壤，只要在花盆里放些光溜溜的小石子固定根须，再放些清水就行了。如果你觉得它太孤单，可以在花盆里养几条小金鱼。

每天我放学回家的第一件事，就是去观察水仙花的生长变化情况。过两天就给它换一次水。在我的精心培育下，它长得越来越高，愈来愈强壮。

冬天来了，许多花都经受不住严寒的袭击，而水仙花却毫不畏惧。当室外北风呼啸、雪花飘飞的时候，水仙花的叶子依然青翠欲滴，显得越发精神、挺拔。

今年的正月初六，第一朵水仙花开了，还有几朵也含苞欲放。如雪的花瓣，鹅黄的花蕊，看上去显得格外圣洁、高贵。香气浓郁，沁人心脾，叫人特别喜爱，舍不得离开。我特意把它从阳台搬到了客厅。

春节的几天里，到我家来拜年的客人都被它深深地吸引住了。他们久久地欣赏着，赞不绝口。水仙花给我家带来了欢乐，也好像在为大家唱着迎春的赞歌呢。

水仙花呀！你清心寡欲，要求于人的甚少，带给人们的却是清纯、美丽与芳香。这不由得使我想起了春节里各行各业默默奉献的可敬的人们，他们不正是具有水仙花一样优秀的品质吗？我爱水仙花，更爱像水仙花一样默默无闻、勤劳工作的人们！

写给昨天的我的一封信

路 简

012

昨天的我：

你好！

我是十年后的你，你的来信我已收阅。我知道，你还在为屡次的考试不理想而惆怅万分，或者为生活的艰辛而埋怨不已；我也知道，你为成长中的种种烦恼而唠叨世间的不公平，或者还在为前进中点点滴滴的挫折而心灰意冷……

面对你心中的不快，我心戚戚。记得课本里有一首这样的诗——

莫言下岭便无难，赚得行人空喜欢。

正入万山圈子里，一山放过一山拦。

我想，你信中提到的考试不理想、生活艰辛、烦恼不断不正是诗人爬山的感觉吗？月有阴晴圆缺，人有悲欢离合，这是亘古不变的自然规律。是的，事物总是在曲折中前进的，苦难总是伴随人生，但也正是这样，才锻炼了人的意志，造就了人的精神。

明白了这个道理，你还有理由去逃避人生的"悲"与"痛"吗？所有的惆怅、唠叨、悲痛都应化为你实现理想的前进的动力。你正年轻，有的是活力，有的是干劲，有的是信心。

不错，我们的希望之火在曲折中难免熄灭，但那也只是暂时的。你记得书中的故事吗？屈原与《离骚》，杜甫和安史之乱，贝多芬和《命运交响曲》……

"正入万山圈子里，一山放过一山拦。"有了这样的认识，你还会害怕眼前的失败和曲折吗？你还会为过去的所谓的胜利而一味地沾沾自喜吗？正视一切，相信未来，一切的美好正向你走来。

此致

敬礼！

十年后的你

013

未来之想

路大明

这是一个何等奇妙的世界啊！

走在马路上，各种奇形怪状的车辆来来往往，行人奔走如飞，却看不到一个指挥交通的交警，交叉路口也没有红绿灯。我正在纳闷

栀子花飘啊飘

儿，突然身后传来一个声音："先生，上马路请你更换气垫鞋。"声音一落，便腾云驾雾地飞了起来，原来早有机器人来到我身边，给我穿上了气垫鞋。我乘着这"风火轮"在各色车辆中自由穿梭，好不得意。突然，迎面驶来一辆"汽车"，我正措手不及，做好了献身的准备，脚下的气垫鞋却"嘘——"的一声把我带离地面两米多高，从"汽车"的顶部飞过。回头再看那辆"汽车"，竟朝一座大厦的墙壁驶去，垂直上了大厦的顶层。看得我是目瞪口呆，身冒虚汗。

气垫鞋把我带进了一户人家，嘿，屋内的装饰、陈设让我眼花缭乱。这时有人来了，她告诉我："这是太阳能幕墙——可根据需要自动调节光线和温度；那边是智能厨房——输入程序，你就可以吃到可口的饭菜；还有保健浴室——可以自动为你洗浴、按摩，还可以为你检查身体，提供健康报告……"正说着，一辆餐车来了，机械手为我沏了一杯茶。"现在的车子是多功能的，地上跑、天上飞，甚至还可以潜入水下呢！"她接着对我说，"我们这里是不用交警的，也没有事故的发生，自然也不存在交通堵塞的，所有的车辆都有特殊的吸附功能，也就是说能像壁虎一样在大厦的墙壁自由上下。"

她的话，我越听越觉新奇。我正要提问，她朝我笑道："对不起了，您自个儿走走吧，我要到月球逛超市去了。"

"什么，月球啊？"我瞪大了眼睛。

"是啊，很方便的哟，谁都可以自由去的。你想去吗？"她回答道。

"啊——这太不可思议了！"我大声地惊叹，可她却瞬间连影子都找不到了。

家鸭和野鸭

车 环

有一只鸭子，它的主人对它的照顾可是无微不至：用最好的饲料定时喂养，喂好后还陪伴它悠闲地散步。

渐渐的，鸭子长大了，它有一身雪白的羽毛，漂亮极了。鸭子开始骄傲了："我多美啊，生活是如此幸福，谁能比得上我呢？"

一天傍晚，朝霞满天。鸭子很想炫耀一下自己美丽的羽毛和无忧无虑的生活，它偷偷地离开了主人，来到了池塘边。正巧，一只野鸭正在此觅食。"干什么呢？丑八怪！"鸭子轻蔑地叫道。

野鸭没有理它。

"怎么了？不服气？你看看我，从头到尾都是雪白的羽毛，那么美丽，所以才有人喜欢啊！你看你，羽毛又脏又乱，真让人恶心哟！"鸭子一边说一边扇动自己的翅膀。

"唉，你的翅膀虽然很美丽，但只能当摆设啊！"野鸭慢吞吞地说。

"哼，你知道吗？我吃的是进口饲料，有专人来喂，你呢，只能低着头，自己苦找啊。"鸭子哈哈大笑起来。

"朋友，别得意了，快回去吧，你离开了主人，能做什么呢？"野鸭摇了摇头说。

栀子花飘啊飘

鸭子不服气了，它扭动肥胖的身体："羡慕吧？我主人关心我，难道还错了吗？"

"要知道，你是一只鸭子啊，你应该在大自然的怀中，才能学会本领呢！"

没等鸭子再说，一条猎狗蹿了出来，它狂叫着扑向两只鸭子，野鸭不慌不忙地扇动翅膀飞上了蓝天；可鸭子慌了，想跑跑不动，幸好主人及时赶来吓退了猎狗。

野鸭在空中笑道："谢谢你的主人吧，你不能离开他呢！"

鸭子低下了头，默默无语。

垃圾王国

016

钱庄红

我乃垃圾中独一无二的国王，所有的垃圾都是我的臣民，叫他向西，他绝不会向东。嘿嘿嘿，我厉害吧！厉害的还在后头呢，要不，人类怎么会说"姜还是老的辣"呢？我就是这个最老最辣的姜。

"各位垃圾臣民们，给我听命。"我坐在宝座上，大声宣布他们的任务，"风神、河神……凡对我们有利的神我都买通了，这几天，你们可自由了，可以在空中飞舞，可以在河里游泳，想怎么着就怎么着，最好将人类快些灭绝，到时就是我们垃圾的世界了，哈哈哈！""大王英明，天下早晚是大王您的。"我身边的参谋长又开始拍马屁了。"好了，行动吧！""是！"看来，我称霸世界的时机到了。

过了几日，我想看看我的居民们任务完成得怎么样，便"微服私访"来了。"嗯，不错，不错。"眼前的景象让我满意，只见天上飞着我的"爱卿"——塑料袋们，五颜六色的，只不过陈旧了点儿。地上，也有许多我的臣民，像泡沫纸、塑料盒……随风任意飞舞。树枝上、河里到处都有我臣民的影子。我好高兴，我的愿望这快实现了。"哈哈，快哉！快哉！"迈着大步，我到了自己的宫殿，寻思着："这宫殿没有人类的漂亮；这宝座，唉，不阔气。我要是做了世界的主人，到时，那漂亮的宫殿、阔气的宝座，都非我莫属了，爽，爽！"于是我坐在宝座上闭目养神。

"不好了，大王……大王，不好了！"我闭着眼睛都知道这是马屁精参谋长的声音，"大王，不好！""好得很哪，怎么了？"我要理不理地懒洋洋地说着。"是这样的，从我们行动的那天开始，就有一些人在清除我们了，我们的好些臣民被回收去了，大王，怎么办？""胡扯，我那天去查看，一切都是很顺利的啊，没看到人类有什么动作啊？""不，您那天去时是晚上，所以没看到人。""蠢货，干吗不早来报告！""大王有所不知，我也是被人们用卡车装起来了，幸好风神使了很大的劲儿把我从车上吹下来，我第一时间跑到您这儿来的。""可恶啊，我要全世界发动，跟人类作战，哈哈哈，等着吧——"

在我的号召下，所有的垃圾都出动了，可是想不到的是，人们捡得更勤了。"啊，怎么？"我来不及看，就被一阵风吸住了，不知要到哪里，这回真的要到十八层地狱啊？

唉，最终，我们被风化了，永远不会重生了，我的臣民都被人类回收了，人类还是战胜了我这个垃圾王，消灭了垃圾国。

短命的蚊子

和 红

从前，在一个教室里住着一只蚊子，它整天"嗡嗡嗡"地飞来飞去，一点儿学问也没有。

一天，它听见两个学生在谈话。一个学生说："你的知识这么多，肚子里的墨水肯定也不少了。"另一个学生说："哪里啊，你过奖了，我肚子里的墨水还少着呢！"

墨水——墨水——蚊子听见了，它得意极了，心想："这回我可知道他们的秘密了，知识为什么多，原来喝墨水就能增长知识呀！"

"嗡嗡嗡……"蚊子轻松地哼起了快乐的小调。

它在教室里飞来飞去，终于找到了一瓶墨水。

"哈哈哈，这漆黑的东西，是知识啊，只要喝进肚子，知识就有了啊！"想到这里，蚊子就站在墨水的瓶口，插进自己的吸管。可刚喝了一口，它就皱起了眉头：怎么这样苦啊？

苦，有道理啊！不吃苦，哪能有学问啊？可惜，这苦味太重。但是，它一想到自己将成为最有学问的蚊子，就顾不上那么多了，憋着一口气喝了个半饱。刚喝完，它就觉得头昏脑涨，一下从瓶口摔了下来。"好疼啊！怎么会……"还没等说完，"啪"的一声，这只蚊子的梦想和生命就结束了。

蛇 鼠 大 战

周 红

　　一次，我跟小伙伴上山采茶，在路上有幸看见了惊心动魄的一幕：三只灰不溜秋的老鼠正在围攻一条乌梢蛇。

　　看，一条身披黑缎子的乌梢蛇高昂着头，吐着红芯子，不停地发出"嘶嘶"的恐吓声。蛇左侧，一只大老鼠屏息凝视，身体拱成一座桥，蓄劲待发，随时准备向乌梢蛇发动攻击；蛇尾处一只小老鼠用两只前爪试探地挑逗乌梢蛇；不远处一只黑老鼠用鼻子嗅着乌梢蛇，围着蛇滴溜溜地绕着圈子。

　　在老鼠的轮番进攻下，乌梢蛇失去了往日的威风，显得狼狈不堪。而老鼠的嘴里不时地发出"吱吱"声，好像在打暗号。只见小老鼠轻轻一跃，扑在蛇身上，一口咬住，不料被蛇猛然一甩，小老鼠凌空甩出老远，半天挣扎不起来。趁着这空儿，大老鼠像闪电般悄然无息地蹿上蛇背，张口就咬。蛇痛得浑身痉挛，半天才回过神来奋力反击，可大老鼠早已闪到一边。这条乌梢蛇看上去懒洋洋的，有气无力，好像没睡醒似的，三只老鼠不时地发出欢快的"吱吱"声，全然没把蛇放在眼里，又好像在戏耍蛇……

　　过了一会儿，乌梢蛇伤痕累累，眼看不行了。蛇是庄稼的卫士，我们不忍心再看下去。在我们的干预下，这场战斗才得以结束。乌梢蛇感恩似的看了我们一眼，慢吞吞地钻入草丛……

第一场春雨

何孔强

第一场春雨来了！我信步走上了小路，呼吸着新鲜的空气，触摸着春的气息……

春雨，细如针尖，轻似牛毛，如烟如雾，无声无息。路边柳树上的嫩芽微微地探出可爱的小脑袋，静静地望着我微笑。小雨调皮地落在它们身上，为大树穿上了一件珠帘外衣！风娃娃也是那么调皮，不住地吹着雨丝到处奔走，落在树上，落在小草上，落在我的脸上。

无意中抬起头，我遥遥望见了一片新绿。那是树，那是草，那是春天的信息。我不由得加快了脚步。咦，小草呢？我奇怪它不见了。仔细看看，笑意不觉浮上了我的嘴角：小草太小了，远望是一片黄绿，走近了却又看不分明。我深深地吸了一口气，情不自禁地陶醉了。这奇异的景色多迷人呀！

雨，无声无息地下着，一点一滴驱逐着寒冬残留的痕迹，也使人们的心灵得到洗涤和净化。不是吗？第一场春雨，就是希望，就是开始……

桃花闹春

陆　秋

春姑娘吹黄了菜花后，又吹红了桃花。

桃花的颜色真鲜艳呀！花瓣白得像雪，粉得像霞，花蕊红得如燃烧的火焰，艳得似新鲜的胭脂，白红相衬，国色天香。这妖艳、妩媚的桃花恰似下凡的仙子，怎能不使人自然地想起"人面桃花相映红"的千古佳句呢！

桃花的形态真精美呀！那一朵朵桃花，薄如蝉翼，晶莹明丽，精美绝伦，分明是从仙女手中诞生的丝绸艺术品，天衣无缝，巧夺天工。

桃花的造型真多啊！它们有的花蕾挺立，含苞欲放；有的半开半合，微露丹蕊；有的翩然怒放，喷红吐彩；有的像蝴蝶，有的像喇叭……它们俏立枝头，排列成队，纵横交错，你挨着我，我挨着你，在点点新绿的点缀下，就像蓝天下的片片彩云。

啊！桃花，美的使者，花国的王后，有了你，春天才会如此美丽动人。

校园春景

魏国清

春天到了，校园里的一切都被唤醒了。

池塘边，柳姑娘垂下她那柔软如丝的秀发，在春风中摇动着，远远看去，犹如绿色的烟雾在缭绕，在飘动。远远看去，如烟与酒，是那么醉人，更是那么迷人。

花坛里，那毛茸茸的嫩叶摇摆着，披着融融的春光，迎着悠悠的轻风，翩翩地舞出婆娑的倩影，仿佛无数只热情的小手向同学们招手致意。春风轻轻一吹，花儿也开了，它们五彩缤纷，争奇斗艳，姹紫嫣红。红艳艳的花簇拥在一起，好像一团火；白生生的花聚集在一起，好似一团雪；粉红色的花绕花坛一周，看上去像宽宽的绸带。这可把小蜜蜂忙坏了，它们呼朋引伴，欢快地唱着歌，在这朵花上闻闻，到那朵花上嗅嗅。

运动场上，我们来了，脱下冬装，五颜六色的春光就是我们的彩色衣裳。我们跑着，跳着，这春色在我们的心头荡漾。

树上的小鸟也亮开了歌喉，那叽叽喳喳的声音与琅琅的书声组成一首奇妙的乐曲……

门控电灯

成天之

我们都有这样的经历——晚上回家拧开屋门，总得摸黑开灯，对于老年人或者年龄很小的孩子来说，这是很麻烦的。为此，我发明了一种"门控电灯"，具体做法如下——

首先准备电线若干，电灯泡一个，六厘米长、直径三到五毫米的弹簧一个，开关一个，两毫米厚的绝缘胶木片两块。

第一步，安装弹簧开关。把绝缘胶木片分别锯成两厘米长、三厘米宽和长宽均为三厘米的两块。将第一块固定在屋门与门框成转角的门边上，另一块装在相对应的门框上。两块胶木片之间隔着门与框的空隙。把一段长约三厘米的弹簧的一端固定在门的绝缘上，另一端翘起一到两厘米。再在门框的胶片上固定一块长两厘米、宽一厘米的铁片，使屋门推开后，弹簧翘着的那头顶在铁片上。

第二步，拿一根双股电线，一头的一股接在电源的负极上，另一股接在灯泡的一个接头上；电线的另一头，一股接在弹簧上，一股接在铁片上。再用一根单股电线，一头接在电源的正极，一头安在灯泡的另一个接头上。为了便于夜间的控制，可在电线的中间安装一个拉盒开关。

现在，门控电灯就可以使用了。

到了晚上，先把电源正极上的开关拉开，使正极接通，然后推开屋门使负极也接通，电灯就亮了。把屋门关上，弹簧离开铁片，负极切断，电灯就灭了。白天把正极开关关上，即使推开屋门，电灯也不会亮的。如果有兴趣的话，你还可以把电线接在音响上，一推门啊，音乐就飘了起来呢！

当然，我的这个发明还很粗糙，相信经过我不断的学习、实验，这项发明会不断完善的，到时候，说不定还是什么重大发明呢。

感谢《我的母亲》

马品新

024

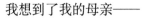

读完丰子恺的《我的母亲》，我的心如被纤纤细手拂过的琴弦，久久难以平静。我多想大喊一声：人生大爱，母爱至上！

这篇文章清新朴实，内容感人。细细品来，文中 "母亲"这个词似乎只用了一次。但至真至爱的母爱啊，却无数次在读者的心中荡漾。

我想到了我的母亲——

她是一个普通的老师，也许是职业的缘故，她对我一向要求严格。可年少轻狂的我，对母亲的爱从来都是不屑一顾，还时常和她吵、闹，甚至在心里不止一次地抱怨上苍的不公：为什么不赐予一个了解我、爱我的妈妈？

随着时间的流逝，我发现我错了。

那天，我赴市里参加竞赛，天阴沉沉的，不时飘落一阵急雨。母亲这些天里为我操劳，原本单薄的身体又虚弱了许多，她撑着一把大伞，不声不语，孤立冷雨中。我怎么也忘不了我走进考场的一瞬间，母亲眼眸中流露出的信任与鼓励，嘴角上挂着的一丝抹不去的微笑……

正如《我的母亲》中所言："昔闻长者言，掩耳每不喜。"每次听到母亲唠叨我总不高兴，认为自己长大了。但"有妈不觉儿女高"，毕竟，在母亲的眼里，我永远都是要被关心、疼爱的孩子啊！

感谢《我的母亲》，它让我读懂了我的母亲。我喜欢《我的母亲》，我爱我的母亲。

鹅

陈丽郡

我家养了一只鹅，它已经和我们在一起生活两年了。它周身洁白无瑕，淡黄色的双脚和扁圆的嘴，像镶嵌在白璧上一样。它的步子从容、沉着、稳健，当它昂首挺胸、引吭高歌时，更是显出一副昂扬雄健的姿态。

记得它小时候穿的是淡黄色的绒装，卧在地上像一团绒球，轻盈柔和。只有当它走动时，人们才发现它是一只小鹅。它最爱吃鲜嫩的青草。每次我放学回家，它总是扇着短小的双翅跑步迎来，并且"嘎嘎"地叫个不停，像是在欢迎我。当我亮出鲜嫩的青草逗引它时，它就伸长脖子，围着我转，短秃的尾巴不住地摇动，亲昵地从我胯下钻来钻去，连声叫着，直到把青草抢到嘴里为止。后来，它逐渐褪下黄衫，换上乳白色的新装。慢慢地，它学会自己出外觅食，再也不需要我们操心了。

渐渐的，我家的白鹅长得越来越高大，整天和邻居家的一群鸭子在河里戏水呀，觅食呀……快乐极了！后来，我发现它似乎当上了"头儿"。那些鸭子呢，也都服服帖帖、心甘情愿地跟着它，听它指挥。每天清晨，它一路叫喊着，邻居们的鸭子也就纷纷跑出家门，跟在它后面向村外的小河走去。当夕阳的余晖染红天边的时候，它才带着鸭子们摇摇摆摆地回家，如此日复一日，早出晚归，非常有组织性、纪律性。时间一长，左邻右舍都开始为我家的鹅歌功颂德了，说把他们家的鸭子训练得听话了，不必每天再费劲去赶那些贪玩的鸭子回家了。看，我家的鹅懂事吧！大白鹅呢，听着别人的夸奖，引颈高叫了两声，俨然是一位统率千军万马的将军！

汨罗江畔

严　柳

读罢史记故事《屈原投江》，我的心情沉重起来，仰头远望，眼前竟是波澜壮阔的汨罗江，滔滔江水奔腾着，仿佛我的一腔愁绪……

突然，一个浪头打来，我像跌入了万丈深渊。等我再次抬起头时，周围已发生天翻地覆的变化：江边座座高耸入云的摩天大厦神秘消失，取而代之的是一间间古色古香的房屋；宏伟的大坝也不见了，只有汨罗江水依然波涛汹涌，江上有一叶孤舟，出没风波里……

岸边走来一个孤独的身影。近了，近了，只见此人身材高大，英姿飒爽，一缕三寸白胡垂于胸前。他双目凝视远方，目光中交杂着伤心与悲愤。他花白的双鬓见证着岁月的沧桑，干枯的皮肤诉说着内心的凄凉，可我却能感受到他那一腔豪情荡漾。此时，我已确定这人正是爱国诗人屈原！他励精图治，大整朝纲，然而他的正直却给他带来了灾祸，让他蒙受小人祸害，两次被流放，亲友也相继被迫害……

果然是屈原！只见他抱起一块石头，准备纵身跳入江中。我赶紧对屈原叫喊、请求，想让他停下投江的举动，但他好像没有听到。我心急如焚，好不容易见到心目中的大诗人屈原，却不仅不能阻止悲剧的发生，甚至连话都没说上，岂不是太可惜了？情急之下，我大声背起来："长太息以掩涕兮，哀民生之多艰。"他先是一愣，继而转过身，惊讶地望了我一眼。我赶紧趁热打铁，真诚地说："屈原大人，我明白您的苦衷，但您决不能轻易放弃生命啊！"

屈原眼中噙满激愤的眼泪，说："我的抱负不但不能施展，反被小人陷害。我怀揣爱国之心，却只能看着国家灭亡……而今楚王离去，我的祖国不复存在，我不死又能怎样！"

随后，屈原仰天长啸，怆然吟诵道："亦余心之所善兮，虽九死其犹未悔。"我还想张口说些什么，但屈原已"扑通"一声投进江中。溅起的朵朵浪花撞击着我的心扉，我一阵心痛，为命运的不公。

屈原投江而逝，我也明白了，自己不可能改写历史。我久久地坐在汨罗江畔，默默地沉思着……

并蒂莲的记忆

春天来了，并蒂莲抽出了嫩绿的叶子。叶子又细又长，像一把把利剑。随着叶子的长大，它的茎也冒了出来。茎越长越高，等到有一尺多高的时候，茎的最上头就会长出花骨朵儿，尖尖的，真像个小鼓棒。过了几天，花骨朵儿也长大了……

你打我吧

彭荣辉

他本是个很有耐心和爱心的人。可是，这一回他失了分寸。

怨不得他。他和他的孩子们有个约定：上课铃响后三十秒内，没有特殊情况，所有同学必须回到座位做好一切上课准备。余外，在老师进入教室之前，由值周班干领读"经典诵读"。然而今天，有人公然违反了它。

铃声已经响过三十秒有余，他由楼下步入教室。很奇怪的声响。值周班干在黑板前领读，众同学跟着诵读。奇怪的是，前面那孩子虽然也读，却是笑得格外灿烂。

诵读的内容可笑？他回头看黑板。一点儿也不。

"为什么笑？"他问孩子。

孩子不答，却仍旧笑得似一朵花。

"为什么笑？"他再问。

孩子不答，依然笑容满面。

"我问你为什么笑？！"他恼怒了。

孩子不答，似有怯意，只是笑容仍旧挂在脸上。

"伸出手来！"他命令。

孩子乖乖地伸手。然后，只听得"啪啪啪"十声，他顺手抄过讲台上的教鞭打在孩子的手心。

他知道打得不重。他只是试图起到一定的威慑作用。他需要打一做百。毕竟是游戏规则。他想以这样的一幕吓倒一些人，好让这些人知难而退，好明白游戏规则不是弄着玩儿的。

果然全班肃然。

可是，他不能罢。打是打了，可他仍然不明白那孩子为何读诗的时候会发笑。

"最后问你一次，你为什么笑？"他问。

"刚才读的时候，有一个字赵芳不认识，所以每次读到这个字的时候，大家都学着她突然就没有了声音，我觉得好玩。"孩子说话的时候，似乎忍不住，竟然"扑哧"一下又笑出了声。

他愕然。他当然知道赵芳是谁，就是刚刚在领读"经典诵读"的那个女娃。

立刻回头。果然发现小黑板抄写的那首诗中有一生僻字。

"赵芳，那个字你真的不认识？"他心里发虚。

赵芳站起来，没有声音。可是他看得清晰，那女娃的小脸已经红云一片。

"赵芳，那个字你真的不认识？"他有些不相信自己的眼睛。

女娃涨红着脸，摇了摇头。

"你怎么会？你不认识怎么会领着大家读？你不认识，不能查字典吗？……"他忽然间觉得头昏目眩，以致他无法继续下面的言语。

他转身面向那个被打的孩子。

"对不起，不是你的错，老师郑重向你道歉！"他咬着牙关，一字一顿。

"你打我吧！我打了你十下，你也打我十下！"他伸手将教鞭塞到孩子手里。

没有做作的意思。他不曾犯过这样的错误。即便是今天对这孩子的责打，也似乎只是他初为人师时才有过的经历。一转眼，都十多年了。不想，这一日突然发作，却就遭到如此境遇。他想借自己的这一日表现来为所有孩子上一课。他想让他们知道，**鲁莽行事**是多么要不得。还有就是，他一个老师……

他也说不清了。他也根本不想说清。反正教鞭已经交出去。

然而，孩子拿了教鞭在手，却只是笑。

"打吧，我打你十下，你还回来！"他以不容置疑的口气表明决心。

孩子举起教鞭。他咬紧牙关。他几乎积蓄了所有的力量准备承受即将而至的苦痛。

他感觉到教鞭落在他的掌心，可是没有声响。

一下、两下、三下、四下、五下、六下……不多不少，刚好十下。

没有声响。从一至十，没有一下发出声响。哪里是打，完全只是轻轻的触碰，挠痒痒一般。

032

他再一次愕然。他看着那个先前被他打过的孩子，神色茫然。孩子只是笑，腼腆，而不失大度与爽朗。

"你干什么呀？"他忍俊不禁。

没有声音，孩子"呵呵"起来。

"哗——"所有孩子居然都自发地鼓起掌来。潮水一般，经久不息。

望过去，一张，一张，全是笑脸。

他也笑了。

不过，其中的滋味又有谁人知晓！

爱心也有底价吗？

陈　玲

　　玲是班上的生活委员，每天走进校园，总是习惯地朝大门右侧的布告栏上瞥上一眼：看看班级的卫生、纪律检查情况；班上的好人好事是否上了光荣榜……可是，今天栏内竟贴着一张白纸红字的通知："请各班将献爱心活动情况做一次总结，上午报学校总务处。"

　　玲明白了，所谓"总结"就是将捐赠的钱物做个统计，交到学校。玲带着问题走进了教室。教室里，班主任和班委会成员正在商量着什么。见玲进来，班主任忙招呼："快点儿，正等着你呢。"

　　看来，布告栏的通知大家都知道了。班主任先向大家做了汇报："其他各班已经发动起来了，而且热情很高。我们班可不能落后啊！请大家想想点子。"

　　沉默了一会儿，玲站了起来："大家自觉行动，有什么，拿什么！"

　　"拿什么呢？"班主任笑着问玲。

　　"比如家中多余的、不穿的衣服、物品啦……"玲的声音显然轻了下来。

　　"那不成了废品回收站了？"有人开起了玩笑，之后便是一阵哄笑。大家都看向班主任，看班主任有什么高招。班主任清了清嗓子说："这个，别的班都是拿钱，这个也方便，我们班……"

"也就拿钱吧！"班长附和道。

"那送东西就不叫献爱心？"玲为自己辩解。可是支持者的声音总响不起来。

"就看拿多少吧！"班主任一锤定音了。

"就，能拿——"玲还想发言，见大家正看着自己，只好又咽了回去。

"我看，定个底价，每人不少于五元。"班主任丢下一句话后走出了教室。

放学了，玲的脑中总是回荡着"底价不少于五元"的声音，她实在不明白：爱心，干吗也要有个底价呢？

信

何 切

"烦恼最是无情……"我正要高歌一曲的时候，耳畔传来了那熟悉得已不能再熟悉的声音——

"何切，你过来，到办公室里去。"我的头顷刻晕了起来，心跳开始加速，要知道被老班请去喝"可乐"，绝大多数可都不是什么好事，此时的心里真的是十五只吊桶打水——七上八下，不知所措；但还是硬着头皮以和乌龟赛跑的速度向办公室挪去。

果然不出所料，老班阴沉着脸，好像是我欠了他几万块似的。我心里更加不安了。

“你，过来。”

我机械地向前移了移，脑子里超光速地闪过一幅幅画面，可怎么也想不出有什么小辫子被老班抓住。唉，算了，听天由命吧，我本着“要头一颗，要命一条”的决心，再次地向前迈了“一大步”。

“这儿，有你一封信。”老班指着桌子上的一封信说。

一看是深蓝色的信封，我顿时明白了五六分；再看上面的字迹，心里已明白了八九分——是我在外上学的堂哥寄来的。搞什么嘛，上一个星期我给他寄了一封信，信里特别交代了要他回信就寄到我家里，干吗又寄到学校来？

“谁寄来的？为什么没有寄信人的姓名？可不可以拆开来看？”一连串的问号的下面是一个个感叹号，没有停顿，好像根本就不需要我来回答，但“可不可以”几个字似乎都带上了大大的着重号。

谁不知道“可不可以”其实就是“一定要”的意思嘛！岂有我说不的啊！我只有昧着良心，脸上还装着无所谓的表情说：“可以，随便。”

老班拆信的动作非常的文明，不知是怕随手撕信会撕坏里面的信纸，还是怕不整齐的开口缺少美感，他从抽屉里找出一把剪刀，一剪一剪地慢慢地向前推进。那哪里是在剪信封，那简直是在剪我的心啊——剪刀一声“咔嚓”，我的心也跟着一声“咔嚓”。老班终于放下了剪刀，又仔细地欣赏了一番自己的杰作之后，才抽出了信纸——信纸完好无损，可我的心此刻已是支离破碎。老班依然是慢条斯理地展开折叠成心形的信纸。唉哟，我的老班，您能不能暂时丢开您的君子风度快一点儿嘛，您知道您是在延长我受煎熬的时间？

老班终于开始读信了，我开始“抽搐”，浑身发抖，我虽然知道信中不会有什么见不得阳光的地方，但天晓得我那个神经有些问题的堂哥会写些什么啊。终于在过了N秒后，老班一点头说：“以后嘛，尽量不要通信，浪费时间，分散精力，会影响学习的。"

我赶忙点头。

"好，你拿走吧。"

我一把抓起办公桌上的信纸和信封，逃荒似的飞奔而走。到教室坐定之后，拿起那该死的信，看起来。

"亲爱的堂妹，最近可好……"

第一张纸没说什么，尽是些废话。

第二张纸还是些废话。

第三张纸："……谢谢你上一次给我来信。你知道在学校里收到信件的感受吗？本打算把信寄到你家里，但想想还是寄到你学校里更好，也让你尝尝收信的滋味……"

啊？他故意耍我！

往后再看："……下次再聊。"

还有下次！"啊——"我晕了。

036

纽　扣

吴　红

上课铃响了。同学们走进教室，何老师开始上课。同学们是那样专心地听着。突然，同桌指着自己衣服上的纽扣，又指了指老师。我会意地抬头一看，只见何老师西装最下边的那粒纽扣一荡一荡地像个钟摆。何老师起劲地讲课，身子不停地转动，那纽扣也随着不停地晃荡。我轻轻一笑，旁边同学问我是怎么回事，我指了指自己的纽扣，又指了指老师，他立刻明白了，也注意起老师的纽扣来，连忙用手捂住嘴巴生怕自己笑出声来。

下课以后，我走到讲台前，对何老师说："何老师，您西装上的纽扣要掉了。"何老师低头一看，随即翻了翻衣服，用力捻了捻线头，纽扣被收紧了。

"您干脆把它拉下来吧，这样会掉的。"我不放心地对何老师说。

"不要紧，待会儿我就去把它缝好。"何老师说完，拎着皮包，提着录音机走了。

下午辅导课，何老师又来上课了。可那粒纽扣却没有了。同学们暗暗发笑。下课时，我又问何老师："您把扣子摘下来了？"何老师低头一看："啊？掉啦！我忘记缝了。"

"您想想看，纽扣可能在什么地方掉的？"另一个同学关心地说。

"不知道怎么掉的，算了，过几天上街买一粒吧！"

何老师走后，同学们还在想着老师的纽扣，何老师也真辛苦，一个人教三个班，家离学校也远。一天到晚就看见他坐在办公室里备课、批改作业，自己的事从不放在心上。

第二天，何老师一进办公室，看见办公桌上的一大堆纽扣，他愣住了，但与此同时，他什么都明白了。我们隔窗望去，他的眼角湿润了，霎时，同学们都落泪了，那泪珠，晶莹透亮，好纯洁，好纯洁……

啊，白雪

李春成

我曾看到飘在画上的雪，落在字上的雪，下在屏幕里的雪，然而今天，我第一次看到飘在空中、落在地上的雪，自然非常高兴地从心里欢呼：啊！白雪，南方的稀客，我们热情地欢迎您！

白雪像小银珠，像小雨点，像柳絮杨花，纷纷扬扬为我们挂起了白茫茫的天幕雪帘。抬头透过稀疏的雪帘望去，那远处的高楼大厦，隐隐约约，好像在雾中，宛如在云里。显得特别好看。我踏在湿漉漉的路面上。耳边飘来絮絮叨叨而又自豪的声音："瞧，我来了。"你是值得自豪的，你使陌生的过路人彼此会心地微笑，你使活泼的小朋友彼此天真地欢呼。

我来到学校，校园里也沸腾啦！到处像欢庆过节一般，同学们欢喜若狂，三五成群地接雪花玩：有的用围巾，有的用帽子，还有是用手掌。只见圆圆的雪珠、小小的雪花、薄薄的雪片，轻盈盈、慢悠悠地飞扬、飘落。

我动情地仰起头，张开嘴，伸出舌头去尝那雪花的滋味。说它像白糖，却不甜；说它像盐晶，却不咸。一阵风吹过无数温柔、细腻的"小不点儿"，向我身上亲热地扑来。这时，有几颗小雪珠落在我的衣服上，我伸手去接雪花，啊，晶莹如碎玉，我想把它们留住，可它们转眼就不见了，化作衣服上的斑斑湿点。

　　啊，南方的雪，你来得悄悄，去得匆匆，我感到很惋惜，可你那短暂的生命却给我留下了一个深刻的印象……

并蒂莲的记忆

刘家佑

　　我家有两盆并蒂莲，一盆是大的，一盆是小的。妈妈说，既然叫作并蒂莲，就让它们也并排放在一块儿吧！

　　春天来了，并蒂莲抽出了嫩绿的叶子。叶子又细又长，像一把把利剑。随着叶子的长大，它的茎也冒了出来。茎越长越高，等到有一尺多高的时候，茎的最上头就会长出花骨朵，尖尖的，真像个小鼓棒。过了几天，花骨朵长大了，变成了花苞，红红的，嫩嫩的，既像红通通的小灯笼，又像可爱的小莲蓬。可是，妈妈说，这嫩嫩的小花苞就是我生气的嘴唇。我知道，妈妈是在说生气的时候特好看。可是，我不说出来。因为，我知道妈妈的心思：这盆并蒂莲，妈妈花了多少心思啊！

　　现在，我全身心地关注它了——

　　一夜之间，花苞绽放了。真美呀！六个花瓣好似盛开的莲花。花蕊又细又长，黄黄的，散发出沁人心脾的香味。盛开的并蒂莲有的是两个花朵在一起，多么像一对亲密的姐妹正在动情地吹奏。还有的是三个，多的是四个，犹如亲热的小伙伴永不分离。它们红得耀眼，香得醉人。远远看去，几十朵并蒂莲好像正在进行吹奏比赛呢，可热闹了！

妈妈每天都在看并蒂莲，她说，花开了，更像我的脸呢！

五月的并蒂莲真美，真香！它装扮着我们美好的生活！

水 妈 妈

蒋 玥

每天早晨，我在睡意蒙眬中醒来，总有一声绵长的咏叹调——水来了！我不用睁开眼，我就明白，妈妈已经端着一碗白开水站在我房间里了。我还知道，为了这一碗白开水，妈妈总是早早地起来，先是把水烧开，然后是自然冷却，最后的步骤，是来到我的房间，要看着这水流进我的肚子里。

妈妈总是逼着我喝一大杯温热适中的白开水，她的道理很简单：多喝水，不感冒。说起来有意思，如果哪天没有这样的"晨曲"，我会浑身难受，总是觉得有件事没做呢！

妈妈的这个特点连我们班的同学都知道，他们在背后说我有个水妈妈。但是，他们说归说，都把这样的做法，全部引进自己的家。他们说，我的水妈妈带动了他们的水妈妈。瞧，放学一到家，早有一杯水在等着我。桌子上，还是一碗白开水，温度不高不低，正合口感。我不明白，妈妈调节这白开水的温度，怎么这么准呢？

现在，妈妈又亲自把水递到我手中说："赶紧喝，我厨房还做着饭呢！"稍慢一点儿，妈妈就急躁地说："快点儿，锅都热了，我还得炒菜呢！"我只得很勉强地"咕咚咕咚"喝下去。

尽管如此，有时我还是忘了喝水，妈妈知道后就会数落我一顿。为了不被妈妈数落，我常常在放学时将水瓶里的水倒掉一大半，这招果然见效，妈妈很高兴。

但是，同学知道后，许多人批评了我，说我不懂妈妈的心。

好在，这只是一时的小糊涂。如今，喝水已经成了我的好习惯，我从内心里感觉：有个水妈妈，真好！

永久的记忆

刘天舒

041

小时候，我在洛阳一个叫"安乐窝"的地方住过几年。在那里发生的一件事，我始终忘不了。

四岁那年夏天的一个下午，天很热，我和几个小伙伴在大院里疯跑。跑累了，小伙伴们也跑没影了，我口干舌燥，就自个儿躺在石凳上休息。突然，听见"卖冰棍喽，卖冰棍喽"的吆喝声。我起身望去，原来是那位常在大院里卖冰棍的老奶奶。

真想吃根冰棍啊，咳，没钱！我把手插进兜里，又垂头丧气地躺下了。突然，我摸到一张纸，拿出一瞧，是一张剩一大半的五角钱。我愣了一会儿，脑瓜里生出一个念头。

我小心地将五角钱叠起来，跑到老奶奶面前，"一根冰棍，奶

并蒂莲的记忆

奶。"我低着头，心提到了嗓子眼儿上，小手颤抖着，将钱递给老奶奶。老奶奶递给我一根冰棍，又找我两角钱。我接过冰棍和钱，侧眼瞧见老奶奶正冲我慈祥地微笑呢。我赶紧撒腿跑走了，钻进一段树丛长成的墙垛里躲了起来。

从此，我再也不敢找老奶奶买冰棍了。一看见老奶奶推着大白箱走过来，我就一溜烟跑得远远的；一听见老奶奶的吆喝声，我的心就一阵阵发紧。

八年过去了，我总也忘不了这件事。老奶奶年岁那么大，大热天卖冰棍多辛苦啊，我却拿了残破的钱去骗她！每当想起这些，老奶奶那满面的皱纹和慈祥的微笑就浮现在我的脑海中，我的心就难受极了，好几次还流了泪。可我没有勇气找老奶奶去承认错误。后来我随爸爸妈妈到了北京，于是，这件事就成了我永久的悔恨。

猫

班黄琪

"喵！"又在叫了，真烦人！许多时候，许多人总有这样的感觉。

因为一听到这声音，大家肯定觉得是只不起眼的猫在叫。说实在的，我从内心也觉得猫不就是一只猫，算不了什么，又不是什么珍稀动物，只不过会抓抓老鼠嘛！而现在家家户户的屋内干净得多，有几个有老鼠的？整天喵喵叫，烦死人了。

但是，有件事之后，我改变了对猫的看法。

那天，我们一家人逛街，累了，我们就坐在露天的椅子上休息。这时一条晃动的尾巴引起了我的注意。哇！是猫，两只、三只、四只……这么多啊，全在一起抱着，有的眯着眼，有的翘起了尾巴，有的伸出舌头，那个黑黑的家伙，任凭别人怎么折腾，它照样呼呼大睡呢！好多的猫咪啊，好可爱哟！

看在眼里，喜上心头。我情不自禁地蹲下身子，全神贯注地爱抚着小猫，丝毫没有察觉到母猫正在向我走来，我正想把小猫抱出去玩一玩，"呜——"一声怒吼，我遭到了母猫的"袭击"，我刚抱到半空，母猫就跳起来，狠狠地往我手上一抓，我害怕得连忙将小猫放下。

我被"逼"走了以后，母猫又蹲在小猫的一旁，用爪子"爱抚"着它们，好像它们的"保护神"。

啊！伟大的母爱！

043

我家的阿黄

黄紫轩

记得奶奶家有一条大黄狗，是从田野里捡回来的，它全身黄色，我给它取名叫阿黄。那时候，阿黄还小，但是已经学会淘气，一根鸡毛、一个线团都是它的好玩具。

不久，奶奶把它送给了我。阿黄长着尖尖的耳朵，炯炯有神的大眼睛里透露出天真活泼的光彩，一条大尾巴见了任何人都一摇一摆，很惹人喜爱。你用手摸着它的身子，它会很温顺地卧在那里。记得有一次，我和阿黄一起到奶奶家去，它觉得一切都是那么新鲜，一会儿追着五颜六色的蝴蝶玩，一会儿又追着自己的尾巴绕圈圈，耍个没完没了。玩累了，又往我身上爬，想让我抱它。不知不觉，我们就到了奶奶家。

阿黄刚才老远就闻到红烧肉味，一个劲儿地拉我的裤角，于是，我拿出一块肉扔了出去，阿黄立刻迫不及待地跑出去，一会儿就摇头摆尾地叼着肉块回来了，然后把肉放下，津津有味地品尝起这块肥肉，好像在说："谢谢小主人！"还有一次，阿黄大清早就出去了，到了中午，我见阿黄还不回来，便到田埂上大声喊阿黄的名字，阿黄听到我的叫喊声，就像一支离弦的箭，飞奔而来，尾巴一摇一摆，好像在说："小主人，你叫我回来有什么事情？"吃过午饭，别的小孩儿也学我的样子喊阿黄，可阿黄根本不理睬，自顾自地玩去了。

我的童年有阿黄的陪伴，变得有趣多了！

瞬　　间

林　瑞

瞬间是短暂的，但瞬间是永恒的。一瞬间，看起来是那么微不足道，可有时就是在瞬间里，涌现了巨大的精彩。

当红彤彤的太阳总会从东方冉冉升起，我端坐窗前，一缕一缕金灿灿的光便如利箭一般透过窗户，照在我身上，是那么刺眼，但同时也很温暖。就在这一瞬间我明白了：新的一天来临了，新的事情将会出现，新的朋友将会认识。我对这新的一天充满希望，充满期待。

当冰天雪地、万物萧条的冬天过去了，一棵嫩绿的、泛着青的小草就会一直向上顶，不论上面有多少困难，它们总是坚持不懈，坚强地向上，那是为了要看到生机勃勃的春天。它们为了自己的理想会努力。就在这一瞬间，是小草们破土而出，用自己的生命创造了如此的精彩。

阳台上一盆含苞欲放的水仙花，在一点儿一点儿不断绽放，它几乎用尽全力想让别人看到它，最终在那一瞬间它张开笑脸，那粉色的花瓣衬托着黄色的"脸"显得那么高雅，它迎着春风，沐浴着阳光，不断生长，这一瞬间是特殊的，是美好的。因为，这是一个小生命的开始。

一瞬间可以挽救生命，可以给予人幸福，也可以带来希望。人人都有瞬间，对于聪明的人而言，他们会把握住每一瞬间，而平庸的人却会让瞬间从他们身边白白流走。

换 瓜 记

胡人天

这几天天太热了，爸爸让我和他一道到街上买西瓜。在一个瓜摊前，我们挑了七八个瓜，并请那位卖瓜的农民伯伯帮我们将西瓜送到家里。

那位农民伯伯吃力地扛着西瓜跟着我们爬上了三楼。在家门口，他脱去了鞋，光着脚进了我的家，然后小心地将装满西瓜的口袋从肩膀上轻轻地放到地上，又从口袋中捧出西瓜一个一个地在地上摆放整齐，最后用宽大的手掌擦了擦额头上大颗大颗的汗珠，临走时还对爸爸说："有生瓜、坏瓜尽管拿来，我是包退包换的。"

我们把西瓜切开，准备放到冰箱里冷藏。可切到第五个瓜时，竟发现是一个白子、白瓤的生瓜。我抱起切开的西瓜就往外走，爸爸手一抬拦住了我："干什么去？""换瓜去，说好的啊！"我不解地望着爸爸。

爸爸一手按住我的肩膀，另一只手从我的手上拿过刚切开的西瓜。"等会儿吧。"爸爸坐了下来，望着我说，"儿子，你知道西瓜是怎么长大的吗？从栽下小苗到结出西瓜，再到瓜熟，然后是一个一个地摘下来运到城里来卖。这中间一个瓜农伯伯要付出多少辛苦呀！现在天又这么热，太阳又这么毒，他们连个家都没有，就坐在马路边，又是蚊子又是苍蝇的，多不容易啊！"爸爸边说边看了一眼面前的生瓜，接着说："今年的西瓜卖得是这么便宜，卖一个瓜是挣不了几个钱的啊！"

听了爸爸话，我的心一下子沉重起来，我知道爸爸的意思，我也知道我自己该怎么做了。于是，我望着爸爸坚定地说："爸，听你的，不去换瓜了！"

"怎么，改主意了？"爸爸笑着问我。

"对！我们大不了少吃一个瓜！"我看着爸爸重重地点了点头。

"哇，我们的儿子一下子长大了，看，道理是一点就明。"爸爸摸着我的头夸了起来，可我心里却高兴不起来——不是为自己，只为那大热天里的瓜农伯伯……

秋天的果园

韩晨煜

秋天的田野很美，但硕果累累的果园更美。

走进果园，你会感受到与大自然拥抱时的奇特，一阵苹果的香味扑鼻而来，心中的忧愁顿时已被洗清，人也变得清爽起来了。

一棵棵亭亭玉立的苹果树，结满了红彤彤的苹果，有拳头那么大，像一个个可爱娃娃的脸，笑得红红的，真想摘一个，放到嘴里，尝一尝这新鲜苹果的味道。

走过苹果树，来到了一棵梨树下，这棵梨树很高很大，叶子已经枯黄了，秋风轻轻一吹，叶子就好像顽皮的小孩儿，跟着秋风一直飞啊飞啊，又像一只只翩翩起舞的黄蝴蝶，舞累了就纷纷落下，在地上休息片刻。我们把这些叶子收了起来，离开了梨树。走着走着，来到了一条小溪边，我们把叶子放到小溪里，叶子随着溪水，带着我们的希望漂向远方。

叶子漂远了，我们离开小溪，来到了一棵美丽芬芳的桂花树旁。桂花树以"香飘万里"而闻名，我们也迫不及待地将鼻子凑上去闻了一下。啊，一阵诱人而舒适的气味从鼻子直达我们的心窝，脑袋更清醒了，啊，不愧是以香闻名的桂花，她的芳香不是能用语言表达的。

分享的快乐

雷 平

　　下午课外活动时，小兰和小芳一道去操场练跳绳。她俩每人一根绳，跳得可开心了。小兰跳的是单摇，她双脚离地并不高，但绳子从来不会绊在脚上，每跳一下，她头上的马尾辫也随着一甩一甩的，好看极了！更绝的是，要想给她跳绳数数，你可不能眨眼，一眨眼就会少数几下。小芳跳的是双摇，每跳起一次，绳子要从脚下飞过两回，又困难又费体力，绳子一跳就容易跳坏，可她从不灰心，整理好绳子，又顽强地从头开始。

　　圆圆和小青见她俩跳得这样好，也被吸引到跟前。圆圆对小青说："你看她俩跳得多棒！可惜咱们没带跳绳，不然也可以和她们一块儿玩了。"小兰听见了，和小芳对视一笑，同时把跳绳让给了圆圆和小青。圆圆和小青是喜出望外，边道谢边接过绳子，跳了起来。

　　她们四个欢快的笑声又引来了好几个同学，她们也围过来看着，目光里流露出羡慕的神色。本来嘛，跳绳是女孩子最喜欢的活动，谁见了不眼馋呢？

　　小兰见周围围着许多同学，看样子都想跳绳，心里就想开了：都是好朋友，应该大家一起玩儿，共同分享快乐。可是只有两根跳绳，每次只能两人跳，更多的人只能干等白看，要很长时间才能跳上一回，谁也玩不痛快。有什么办法能让大家都同时玩上跳绳呢？她皱着眉头呆呆地发愣，不时用小手敲敲额头。她的样子引起小芳的注意，小芳好奇地问："你干吗呢，又该咱们跳了吧？"小兰听她一问，好像得了救兵似的，忙拉着她的手说："小芳，你看有这么多同学想玩跳绳，有什么办法让大家都玩上啊？"圆圆和小青也听见了，不约而同地停住了动作，拿着绳子朝着她俩走来。小兰和小芳同时眼睛一亮，几乎同时喊道："有了！"

小兰和小芳接过绳子，打了个结，把两根短绳连成了长绳。然后，小兰招呼大家："来，排好队，咱们一起跳！"周围同学都高兴起来，很快排好队。小兰和小芳用力抡起长绳，大家一个接一个轻盈地跳过去，又在对面排好队，欢快地蹦过来，个个灵巧得像在空中飞翔的小燕子。她们跳啊笑啊，玩得真快乐。小兰和小芳的头上一会儿就渗出了汗水，可她俩心里更快乐。

会变的钢笔

钟国英

哟！你的钢笔不能用了？

不要紧，用我刚发明的神奇钢笔吧！这支钢笔的作用可大着呢！你可不要小瞧它，如果把它放在阳光下，笔身立刻变得透明了，好像一位小姑娘穿着一件薄薄的紫纱裙，十分讨人喜爱。如果把它放在凉快的地方，它立刻变得很黑，好像一个黑衣侠客，与你形影不离。别着急，我还没说完呢！这只钢笔只有拇指般大小，可以随身携带，非常方便，如果想用，就按一下黄按钮，这支钢笔就可以根据你手的大小而变大，怎么样，神奇吧！

　　对了，忘了告诉你这支钢笔还可以根据主人的心情来变换图案。主人心情好时，钢笔会变成淡淡的金黄色；如果主人心情不好，那支钢笔就会变成深蓝色。这支钢笔还会根据季节而变换颜色、图案。春天到了，钢笔上就会呈现出淡淡的粉色和一些小燕子的图案；夏天到了，钢笔上会呈现出金黄色和河里的荷花的图案；秋天，钢笔上呈现出橘黄色和田里的庄稼的图案；冬天，钢笔会变成白色，图案是一片片洁白无瑕的雪花。这支钢笔还可以预报天气呢，如果是晴天，就是红色；如果是阴天，就是灰色；如果是雨天，就是蓝色；如果是雪天，就是白色。怎么样？我发明的钢笔够神奇的吧！

　　看了我的介绍以后你动心了吗？心动不如行动，快来买神奇钢笔吧！

050

头发的告白

王　娜

　　我是一根极普通的头发，但我的经历却是很坎坷的。因为现在的时代似乎都在被潮流主宰着，就连头发也不例外：今天这样式，明天那感觉，"酷哥"正流行，"辣妹"在时髦。苦的是我啊，惨的是我啊！我的小主人就是一个很优秀的时代弄潮儿。"喂，最近流行一种发型，叫'打层'，也叫'刀削发'，看，我新理的，不错吧？"说着便潇洒地一甩头——这是小主人的好姐妹来吹耳边风了。我的小主人天生一头乌黑的秀发，如今已快到一米长了，我一直觉得小主人的漂亮与我们的美丽是分不开的。可是，今天被这位小姐姐一番煽动，我们与主人的缘分怕要到头了！果不其然，小姐姐的话音还没落，小主人的眼睛里就闪出惊喜："哪家理发店？"说罢，小主人随手一扬，拦了一辆出租车。

直到进了理发店的时候，我还在幻想着小主人能回心转意——放弃剪发。我默默地期待着，但悲剧还是发生了：只见理发师"飞刀乱剪"，一眨眼就"削"完了。我的兄弟姐妹们都被处以"腰斩"，而且七上八下的，被分成了好几层。回想以前，我们都是手拉手在一块儿的，现在分离了，真令人心碎哟！"真不错！"小主人还兴高采烈地挽着好姐妹的胳膊去街上兜风了，留下我是欲哭无泪……

过了不久，染发又流行了。我的小主人当然也不会放过。那间理发厅就是我的行刑室：染发师挥舞着他那五花八门的染料，决定要把我染成一种流行色——暗红色。于是，不管我们愿不愿意就被强行披上了一层红袍。随着时间的推移，我由黄色变成了橘子红等，在色彩的变换中，我饱尝了艰辛，当那些黏乎乎的东西染在我身上时，深深刺痛了我的心。就这样，第N次，小主人为了时尚，又把我染成了我叫不出名称的颜色。我们已经被小主人折腾得遍体鳞伤，发梢变黄、分叉，干枯得失去了往日鲜亮的光泽，甚至有些兄弟姐妹因此而壮烈牺牲了。

小主人啊，你快点儿醒悟吧！盲目追求时尚潮流，最终受害的还是你自己啊！作为一根头发，我衷心奉劝你——我的小主人：留一份纯真给自己吧！

运 动 会

周　翔

我们盼望已久的校奥林匹克运动会终于开幕了。

星期四早上7点40分，在雄壮的《运动员进行曲》中，鼓号队、花束队、彩旗队……排着整齐的队伍走过主席台。我们班在领队同学的带领下，喊着响亮的口号，踏着整齐的步伐，进入了比赛场地。

运动会的项目很多，有田径，有球类。最精彩的当是一百米接力赛了。只见老师拿起发令枪："各就各位————预备——叭！"一声枪响，我们班的运动小健将陈继雄犹如猛虎下山，一抬腿就在速度、气势上压倒了所有的对手。吴仲坤很快地接过陈继雄递来的接力棒向沈启磊冲去。305班的同学不甘示弱，眼看就要追上吴仲坤了，我们都在为吴仲坤喊："加油！加油！"只见他闭上眼睛，嘴里喊一声"啊"，用尽全力猛地一冲，把305班同学甩得远远的。沈启磊接过棒，瞪着眼睛，咬紧牙关，甩动手臂，像一阵风一样冲向王明泽。王明泽一改平时的嬉皮笑脸，变得非常严肃，他皱起眉头，接过棒立即冲刺。我们全围到了终点，为自己班加油。王明泽果然是不负众望，一直遥遥领先。近了，更近了，啊，第一属于我们了！顿时，同学们纷纷跑上前去，把四位运动员同学围在中间又蹦又跳。一阵阵欢声笑语在校园的上空久久回荡。

春天来了

李 云

　　春天来了，天气渐渐变暖和了，春风吹在脸上，像妈妈抚摸着我的脸。我想起来"吹面不寒杨柳风"的诗句，我知道，妈妈的手就像这春风一样，温柔迷人。

　　春天来了，"碧玉妆成一树高，万条垂下绿丝绦"。柳树抽出了细叶，一阵风吹来，柔软的枝条随风摆动，像一个长辫子的姑娘站在河边欣赏自己映在水中的倒影。它们是在舞蹈呢，还是在炫耀自己婀娜的身姿？

　　迎春花是春天到来最先开的一种花，有人说它们是春天的信使。它们来了，春天到了。瞧，它们一般是在墙角开放的，它的花是淡黄色的，叶子是淡绿色的，凑上去用鼻子嗅一嗅，就会闻到一股淡淡的清香味。

　　春天来了，欢腾的河面上可热闹了：小鱼们不时地从水中跳过来蹦过去的，好像在做鱼跃龙门的游戏；小燕子也带着那把剪刀似的尾巴从南方飞来，那把"剪刀"剪出了发芽的小树、青郁的大山、蓝蓝的天空……

　　春天来了，家家户户的人都出来了，他们都换上了春装。早上，大人在空地上练剑，小朋友背着书包，唱着歌，三五成群地向学校走去。

我爱春天。

春到花园

向 天

春姑娘来了，她把我家的花园打扮得更加美丽。

月季的枝叶更加茂盛了，椭圆形的叶片颜色有深有浅，盛开的月季花一朵接一朵，鲜红艳丽，像熊熊的火焰燃烧在枝头。

橡皮树身材高大，树茎粗壮，新长的嫩芽像一个长长的红辣椒，很是逗人喜欢。谁看上了，都会忍不住伸出手来轻轻地抚摸一下，甚至还想凑上去亲一口呢！

喇叭花身材矮小，翠绿的叶子油亮亮的，朵朵盛开的喇叭花，上面大下面小，真像一支支可爱的小喇叭，仿佛是为春天的到来在一起奏乐呢！

爬山虎更是美丽诱人了，圆圆的叶片密密麻麻，绿得发亮，爬满墙壁。枝节上刚长出一个个小脚掌，有力地朝四方张开，有许多小脚掌是紧紧地抓住墙面，不断地向前、向上生长。不用说，这是春天给了它们无穷的力量。

怎么样？看到这眼前的美景，你是不是也想到我家来做客？

有趣的捉鱼

周书毅

那年暑假，我们全家和表弟赵若时一家一起去桃源仙谷游玩。这桃源仙谷可真是名如其景，好像人间仙境一般。看！这里绿树成荫，小桥流水。蝴蝶、蜜蜂正在花丛中忙碌着，蜻蜓自由自在地飞来飞去，就连小鸟也在快乐地歌唱。那"桃源瀑"犹如一条水龙，从山崖上直泻下来，气势磅礴；那"迎浪石"好似一位勇士，面对着涌来的波涛，英勇无畏。看到这里，相信任何人都会情不自禁地赞叹道"太美了"。在这里，我们也搞了许多活动，如划汽艇、登天梯、吃烧烤等，但最有趣的非捉鱼莫属了。

在吃烧烤时，我发现几乎每条小溪里都有一种小鱼，于是我就提议一起去捉鱼，这可把大家的兴致引上来了。吃完烧烤，一场"捉鱼大战"就此拉开序幕。首先是老爸闪亮登场！老爸和鱼"交手"几次后发现这鱼特别狡猾，一有风吹草动就立马逃之夭夭，于是老爸便用"守河待鱼法"，先把网放进水里，等鱼确定没有危险后游过网兜时，迅速将网提起，将鱼捉住。可是老爸的动作不利索，总是让"煮熟的鸭子飞了"，可老爸不气馁，一个人到另一条溪边再进行试验。这时表弟赵若时已经跃跃欲试了，他迫不及待地来到溪边，采用"两面夹击法"，用捉鱼的网和装鱼的瓶子两面夹击小鱼。可小鱼的动作非常敏捷，他前后夹击，小鱼就往左右游；他左右夹击，小鱼就往前后游。总之他捉了半天，累得气喘吁吁，而小鱼还神气活现地游来游去，好像在逗他玩似的。这时我拿起网兜和瓶子来到小溪边。总结"前人"的经验，我用的是"瓮中捉鳖法"，即守在一个两边是岩石的狭窄"通道"旁，等鱼游过时用瓶子和网兜从前后切入，让鱼无路可逃，接下来只要用网把鱼逼近瓶子里就OK了。这招还真有效，先后有五六条鱼都中了计。这时老爸使用了一种新方法——诱捕法，即在网中放上食物，再放入水中，等鱼来吃食时迅速提网。别看这招简单，但还挺管用，老爸用此法一连抓了两条大鱼呢！赵若时和我也不甘示弱，发明了"以逸待劳法"，把鱼赶上浅滩，使其行动受限制，再进行抓捕。试验后发现这种方法效果不错，采用此方法，好几条鱼都稀里糊涂地上了当……

唉，时间过得飞快，很快下午3点就到了，我们只好恋恋不舍地离开了桃源仙谷。

桃源仙谷许多美丽的景色和刺激的活动都给我留下了深刻的印象，但最使我难忘的还是那有趣的捉鱼。

唠叨的妈妈

卢　林

我不否认"世上只有妈妈好"的话是正确的，但是当自己的妈妈是一个话痨时，你还会从心里唱那首《世上只有妈妈好》的歌谣吗？

唉，老天是如此的不尽人意，偏偏给了我一个这样的妈妈——一个超级话痨的妈妈。我要告诉各位的是，我有一个爱唠叨的妈妈，不信，就让我说给你听听。

放学回家，做妈妈的是第一检查员。检查什么？自然是要检查我的作业。公正地说，您查作业我是不反对的。可查就查呗，您得用心看，发现我的问题，然后您再高屋建瓴，发表宏论，指出一二。可，您是眼未看，嘴先行——那张巧舌如簧的嘴也跟着忙活："作业，怎么没进步啊——这字是怎么写的——看你不好好读书，将来怎么办？"唉，您就不能换点儿问话的内容，即便内容是一模一样，能否换个语气，变问为叹？或者改变一下姿态，商量一下又不能损害您的威严！这些话，也不知说了多少遍，我就不明白，不说就不行吗？

作业终于做完了，该是吃饭的时间。我很纳闷儿，难道您不知道"寝莫言，食莫语"的古训？好吧，吃饭了，妈妈的嘴又开始了："要注意营养，什么都得吃——吃饭时，要注意个人的卫生——吃饭的时间也可以考虑学习中的问题……"唉，谁能受得了哟？

睡觉了——

"快点儿，要早睡早起哟，早晨起来要多读书。"我知道，这句话是不会少于十遍的，得赶紧用被子捂住耳朵才行。

认识了吧，这就是我的妈妈，你能忍受的话，不妨来我家试一试？

眼睛的烦恼

　　刚戴着眼镜那会儿，走路是很困难的事！我看着前面的路，感觉像斜坡一样，可一踩，"哎哟！"差点儿摔一跤。我后面的同学说："你怎么在这么平的路上走也会摔跤啊！"我害羞了，脸红得像熟透的苹果。他们哪里知道我心中的滋味啊？

班里有个调皮蛋

吕少锋

说起我们班的张林涵，那可是无人不知，无人不晓。他的出名不是因为他的优秀，而是因为他的调皮。

今天可真不幸运，放学的时候我和班长刘昭明一起往家走，正巧碰上了张林涵。开始他在我们后面跟着，不一会儿，张林涵从后面赶了上来。我想：张林涵可是我们班的调皮大王，他谁都敢欺负，这下我们可要遭殃了，刘昭明肯定更惨了，因为张林涵老拽她的头发。正想着，只见张林涵追了上来，伸手就去拽刘昭明的头发，刘昭明急忙闪开了。张林涵不罢休，又去拽，这一次刘昭明没能躲开。张林涵抓住刘昭明的头发一边笑一边喊："抓住马尾巴啦！抓住马尾巴啦！"

刘昭明疼得直叫，眼里含着泪花。我正想上前救援，这时，正好有一只猫走了过来。张林涵看见了猫，立刻松开了刘昭明，又跑去追猫了。他悄悄地走到猫的后面，猛地一下，死死地抓住了猫的尾巴，并把它提了起来。只听小猫"喵喵"地大声叫着，好像在说："疼死我了，疼死我了，快放开我呀！"唉！就是一只猫遇到张林涵也会大声叫苦！张林涵玩够了猫又朝我走过来，他抬起脚想踢我，可我一下闪开了，他没踢着。他又后退好几步，想跳起来踢我，等他向我急速跑来，快到我跟前时，我一闪，只听一声大叫："哎哟！我的屁

060

股！”原来他没站稳，一屁股坐在了地上。我和刘昭明见了都哈哈大笑起来。他呢，则捂着屁股咧着嘴，一副痛不欲生的样子。唉！这真是罪有应得。

哪里有了张林涵，哪里就有打闹纷争；哪里有了张林涵，哪里就有肆无忌惮的笑声。不信的话，你也来会会他！

我的妈妈

罗意婷

我的妈妈今年三十六岁，瘦瘦的，个子不高，是个大美人！她有一双水灵灵的大眼睛，忽闪忽闪的，喜欢扎高马尾辫，干净利索。一看，就知道妈妈是个精明能干的人。

我的妈妈的确是个“工作狂”。她对工作极度认真负责，每天总是在电脑前工作到夜里。

有一次，我晚上10点上床睡觉，妈妈见我已经睡觉了，就马上走进书房，专心致志地工作起来。夜晚11点55分，我起床上厕所，我看见书房亮着灯，就偷偷地看了一眼，只见妈妈在细心地整理文件夹，身边的文件还有一摞放在那里。我明白，也许今晚她是不上床了。唉，妈妈工作那么辛苦，可我还总惹她生气，真是不应该。

“工作狂”的妈妈，并不因为工作的繁忙而忽视了对我的照顾。像今天早上去上英语课，因为我上完课要自己坐公交车去姑妈家，怕我下错站，她便让我把从上车到下车所有的站名从头到尾说一遍，我都已经很不耐烦了，可妈妈还在不厌其烦地听我说，害得我上课差一点儿就迟到了。

妈妈逗小孩儿玩的方法也独具匠心，有一次去姑妈家吃饭，妈妈就把姑妈家的宝宝放在腿上"荡秋千"，把宝宝逗得乐不可支。

这就是我的妈妈，我总在心里说——我爱我的妈妈。

游鹤伴山

耿敏姝

国庆节这天，我们来到了鹤伴山。跨进大门，就能闻到一股淡淡的草香味。路边的野菊花正散发着迷人的芬芳，微风吹动着它那婀娜多姿的腰身，引来几只五颜六色的花蝴蝶在金黄色的花瓣上翩翩起舞。

远看，山连绵起伏，绿树苍苍；近看，只有弯弯曲曲的小道，和葱绿的树木。鹤伴山的景点很多，如抗日桥、引鹤桥、水帘洞、密林等。其中，我最喜爱的是抗日桥和密林。

抗日桥很像长城，虽没有长城那么长，却饱含着一种深深的爱国精神。抗日桥下没有水，却永远流淌着战士们的鲜血。桥头的那块石雕更是引人注目，上面是三个战士的雕塑，一个拿着手雷，一个举着大石头，一个握着手枪，他们雄姿英发，注视着远方，目光那么坚定，正要与敌人顽强搏斗！

不知不觉就到了密林，没有人影，全是树木，周围静悄悄的，静

得能听到人的心跳声。我们呼吸着新鲜空气，享受着大自然的美妙，我兴奋地大叫："有——人——吗——"捡了一块石头，扔进没有水的空溪里，石头和石头摩擦，发出叮叮咚咚的响声，接着是一阵肆无忌惮的大笑。

走着走着，应该快到山顶了吧，一打听，还要翻一座山头呢！我们没有退缩，累了，就休息一会儿再走，我们相互鼓励着：只要我们有恒心，就能战胜大山，战胜大自然！终于看到阳光了，我们到了最高峰！此时，我真想高歌一曲，来表达我的愉快，我们一起喊："哦——"响声震动了整个山谷，笑声回荡着，回荡着……

俗话说："上山容易下山难。"而我不这么认为，我们展开双臂，像飞鸟一般滑下山去，然后依依不舍地离开了美丽的鹤伴山。

眼睛的烦恼

黄欣靓

现在，我已经是个五年级的学生了，再也不是以前什么都不懂的小不点儿了。常常听见爸爸妈妈说，都是小大人儿了，要学会自己管理自己。于是，我看书勤奋了，但玩手机也多了起来，电脑也离不开了。就这样，我原本一双清澈明亮的眼睛得和眼镜交朋友了。

真实不戴眼镜，不知戴眼镜的苦啊！

昨天，我戴着眼镜上课，一大帮同学都叫我"四眼妹"呢！唉，我这才知道，原来戴眼镜并不是学士风度的标志，只听到那一声声的

"四眼妹"，我是答也不是，不答也不是，我听了真是哭笑不得。我终于明白：当初大人那么多的劝告，是多么的实在和美好啊！悔不当初啊，要是我不近视该多好。

上课时，如果我摘掉眼镜，黑板上那清清楚楚的字迹立刻在我眼前模糊甚至消失了，我又不得不戴上眼镜。

刚戴着眼镜那会儿，走路是很困难的事！我看着前面的路，感觉像斜坡一样，可一踩，"哎哟！"差点儿摔一跤。我后面的同学说："你怎么在这么平的路上走也会摔跤啊！"我害羞了，脸红得像熟透的苹果。他们哪里知道我心中的滋味啊？

我读过《假如给我三天光明》，海伦·凯勒多么想有一双明亮的眼睛啊！对她来说，眼睛是多么宝贵！而我，却这么不珍惜。以前，爸爸总让我写作业时头抬高，可我就是不听。啊！要是再给我一次机会，我一定会把眼睛保护好的。

小伙伴们，你们要吸取教训啊！

064

爬 竹 竿

杨立汀

星期六，爸爸妈妈带我去乡下表叔家玩。

吃过午饭，天气热起来了，我们一家人走向一片楠竹林去乘凉。茂密的竹叶绿色中带点儿黄，在秋风中飘飞而下，高高的竹竿已经被孩子们磨得光光的、亮亮的。地上有几块砖头可以当石凳坐。从远处看去，犹如一把绿色的大伞，给人们遮挡骄阳。

　　一会儿，来了一些小朋友，年龄和我相仿。其中有个叫"黑熊"的小男孩儿，不声不响地已脱掉鞋子，双手紧紧地抱住竹竿，双脚则紧紧地夹住竹竿，"唰唰唰"一阵风似的爬到了半空，迎来一阵掌声和喝彩声。妈妈叫我也试试，可我怎么也爬不上去呀！我真羡慕这些乡下孩子，力气这么大，身体这么棒！突然，一个叫何海洋的小朋友说："我比他爬得高，爬得快。"哦，他要挑战"黑熊"！这时，一位大姐姐顺手将手中的红丝带系上一块竹片抛向空中，挂在了竹枝上："看谁先抢到红丝带。"一场精彩的比赛开始了。他们选定紧挨着的两棵竹竿向上爬，竹枝微微动起来了，黄色的竹叶纷纷飘落下来，仿佛是天女散花。我们十几个观战的小朋友使劲地拍手："加油！加油！"你看他们爬竹竿的动作多么敏捷、多么熟练啊！何海洋看上去像一只活泼机灵的小猴子，"黑熊"可真像一只熊猫，可爱又聪明。他们几乎是同一时刻抓住红丝带，都得意地笑了。

　　下午，我们坐车回城了，我真舍不得那片楠竹林，我多么想再看看那群孩子爬竹竿啊！

香 蕉 娃 娃

许雪菲

　　香蕉娃娃天生就喷着香水。闻闻，清香、醇香、浓香，这时连风打的旋儿都香气扑鼻，令人垂涎三尺。

可是，它只穿件黄色的衣服，似乎太单调了点儿。还是让我这个"化装设计师"给它化化装吧！我叫来几个小伙伴，拿起笔开始精心帮它化装。我左画画，右画画，终于完成了。我看了又看，还真不错呢！瞧，多可爱的香蕉娃娃啊！头戴一顶小花帽，披着一头五彩的秀发，紫色的眉梢下有一双圆溜溜的大眼睛，显得炯炯有神。圆圆的红鼻头下长着一张笑嘻嘻的小嘴巴，再加上胸前的一个大蝴蝶结，一件珍珠迷你裙，看上去真是"西施再世"呀！你看，它笑得多甜，正在感谢我这个了不起的"化装设计师"呢！

我开始为它卸装了。虽然香蕉娃娃天生一副"驼背"的样子，可并不影响它美丽的造型。它仰着像一个跷跷板；趴着像一座拱桥；站着又像一把小镰刀；脱掉黄大衣，露出白白的果肉，更像一朵盛开的花儿。

看着香蕉娃娃那娇美的身姿，我怎么也下不了那个口，此时香蕉娃娃咧开嘴，像是在对我说："小主人，快尝尝呀，看看我的味道怎么样？"我张开嘴，轻轻地抿上一口。

哇，太好吃了，滑滑的，润润的，一股香甜的味道一直渗进我的心田。闭上眼睛，呀，我仿佛来到了香蕉的世界，许多香蕉向我跑来，争着要让我品尝它们呢！

啊，香蕉娃娃，谢谢你！

日 记 两 则

陈东东

8月5日　星期天　晴

我这个人什么都好，就是爱拖拉作业。

这不，又是周末到了，星期五的晚上，我总趴在电视前不肯离去。妈妈对我说："快写作业去，别拖拖拉拉的。"可我是充耳不闻，嘴边在答应："来了，急什么。"可屁股还是没挪动一点儿。妈妈看了又生气又心疼，说了我许多次，可我就是改不了。

昨天，妈妈教我背了一首诗："明日复明日，明日何其多。我生待明日，万事成蹉跎。"看着眼前一大堆的作业，我明白了妈妈的良苦用心，妈妈在教育我要珍惜时间啊！

这首诗对我的触动很大，老毛病看来得改改了。这个双休日，我早早地就把所有的作业都做完了。

12月12日　星期六　阴

吃过晚饭后，我和爸爸妈妈一道在小区里散步。

我们一边走一边谈，不知不觉地来到一处岔道。爸爸指着前面的一条道说："我们从这条道回家吧！"我说："好啊！"

"这条路不是不通吗？还走什么！"妈妈扭过头问道。

"你怎么知道这条路走不通？"爸爸反问起来。

就这样，爸爸妈妈你一言我一语地吵了起来，吵得是不可开交。我忍不住了，大声地说："那我们就走一走试试吧！"爸爸妈妈都表示同意了。结果，竟走通了。

爸爸说："怎么样，我说得没错吧！"妈妈没话说了。

就这一件事，我明白了一个道理：凡事总得试一试，才能做出正确判断啊！

我当理发师

吴泽民

给小狗刮胡子，你一定觉得好笑吧？

这事还真的发生在我身上呢！我才六岁，经常看到理发师老爷爷给人理发。你瞧他，身穿一件白大褂，手中拿着一把剃头刀，再加上一副老花镜，可真够神气的！他理发的时候，手中的剃头刀上下游走，不一会儿，头就理好了，胡子也刮好了。每当我看到老爷爷给人理发，心里就十分羡慕，我什么时候也能像老爷爷那样给人理发呢！

我看到一只流浪狗从家门口走过，我想到了可以给狗剃毛这个幼稚的想法。于是，我把小狗捉到家里，又去老爷爷家借了一把剃头刀

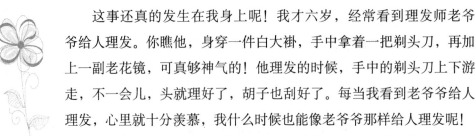

和剪头发的剪刀。我跑回爷爷家，先照着老爷爷的样子，给小狗洗了一下毛，又拿起剃头刀给小狗剃起了毛，不一会儿，小狗的毛就被我剃得所剩无几。我又拿起剪刀，小狗好像感觉到自己的胡子有危险一样，用力地挣扎起来。我紧紧地抱住小狗，用剪刀剪掉了它的胡子，小狗的眼睛泪汪汪的，还不停地冲我叫，它好像在说："你这个坏孩子，剪光了我的毛，还剪掉了我的胡子，我恨你！"我看着向我龇牙咧嘴的小狗，害怕得哭了。

爷爷听见我的哭声，走出来问我怎么回事，我把事情经过告诉了爷爷，爷爷听完哈哈大笑，说："狗一到冬天就会自己开始换毛，你把它剪光了，让它怎么过冬天呢？"我明白了这个道理后，就把小狗抱起来，轻声地说："小狗，对不起！"我用小棉被给小狗盖起来，小狗看着我，感激地摇摇尾巴，就像在说："主人，谢谢你。"我看小狗开心，我也高兴地笑了起来。

069

迟到的忏悔

陈　晔

这件事过去很久了，然而它却像鞭子一样时时抽打着我的心，使我常常感到内疚和不安。

那是上四年级时的一件事。我们最喜欢的王老师突然调走了，换上了一个姓田的男老师。田老师又矮又胖，留着小平头，小眼睛不大点儿，鼻头圆圆的，两片嘴唇厚厚的，实在令人看不顺眼。女生们

眼睛的烦恼

竟众志成城地对田老师采取了敌对态度，背后还偷偷地给他起外号。田老师找我这个班长了解班级情况时，我侃侃而谈，说得很有条理。田老师十分满意地拍拍我的肩膀说："希望你能配合老师搞好班级工作。"

头一天上课，田老师就在课堂上表扬了我，说我工作能力强，让同学们向我学习，齐心协力把班级工作搞好。谁知这竟使我陷入了十分难堪的境地，女同学们见了我都把头扭向一边，还阴阳怪气地说："看，老师的小红人来了，小心点儿，别让她打咱们的小报告。"我很不自在，感到孤立的滋味很难受，于是我下决心和班里的女同学们站在一起，与田老师作对，做得甚至比她们还过分。田老师先是莫名其妙，后是失望无比。而我却因重新获得同学们的拥戴而兴奋不已。

从此，对田老师的一种内疚时时纠缠着我，我很想向田老师承认错误，但一直没有这个勇气。后来田老师调回了哈尔滨，这种内疚的纠缠更甚了。于是我找到了田老师的地址，写了一封长信，请田老师原谅我。

盼望回信的日子一天天地过去了，我的心更加不安了：难道田老师真的不能原谅我？没想到有一天，我接到了一封田老师亲人的回信。我迫不及待地打开信，信上说："田老师调回哈尔滨不久，就被诊断为肝癌晚期，病魔已经夺去了他的生命。"还说："你的信被放在他的骨灰盒里，他一定会听到你的忏悔，一定会原谅你的。"我再也抑制不住内心的悲痛，捧着信，冲着遥远的哈尔滨哭喊："田老师，我对不起您，您的在天之灵真的能听到我这迟到的忏悔吗？您真的能原谅我对您的不敬吗？"

苍天无言，大地无语。只有这撕心裂肺的忏悔在山谷中久久回荡……

收破烂儿的外星人

叶 莹

　　"呼——"一阵风刮来，天上飞来一个"盘子"。噢，是飞船，停在了儿童乐园的草地上。忽然，门开了，从里面走出一位白胡子老爷爷，手里拿着一根小木棒，孩子们一见，都拥到老爷爷身边。"您从哪里来呀？""老爷爷您来干什么？""孩子们，我来自离地球一亿光年的A星，我到地球上收破烂儿。""收破烂儿？"孩子们听了，都搞不懂，为什么要到地球上收破烂儿？

　　有个叫圆圆的小孩儿才不想那么多呢，连忙捡来一个纸箱说："这纸箱没有人用，您拿去吧！"老爷爷笑着说："我是专收地球上没有用、没人要的东西。这个纸箱还可以回收利用，怎么能算没有用的东西呢？"圆圆听了用手抓脑袋，因为他脑袋上刚才被一个好大的花腿蚊子咬了一口，还痒痒呢！突然他眼前一亮，忙对白胡子老爷爷说："我脑袋上这个包没人要，你把这个讨厌的包给我收走吧！""行呀！"老爷爷用小棒朝圆圆头上那个包一指，神了，这个包就立刻飞到老爷爷的口袋里了。圆圆觉得脑袋好多了，奇怪，真奇怪，包被收时，不痒也不痛，连他自己也没有感觉到。白胡子老爷爷奖给圆圆几盒外星巧克力，甜甜的，带一股牛奶香气，啊，真好吃。小朋友们的眼睛一动不动地盯着圆圆的嘴，不时咽着口水。"给……

给……破烂儿还……还有……有奖啊，真……真好。"说话的是丽丽，说起话有些口吃。"口吃不是个好东西。"白胡子老爷爷用小棒指了一下丽丽的嘴，嘿，她的口吃立刻就好了，说起话来像流水似的，可流利了。老爷爷奖给丽丽一件外星花裙子，丽丽穿上它可美了！转起来像朵牵牛花。

小朋友们见圆圆和丽丽都得奖了，心里羡慕死啦，忙找自己身上不要的东西，什么感冒啦，咳嗽啦，全让白胡子老爷爷收走了。

"我奶奶没有人要，你把她收走吧！"咦，是谁在说话？原来是尖猴儿。"她以前是我的奶奶，现在她老啦，眼睛瞎了，没人要了，你带走她，快给我奖品吧。""不，不，我们都要老奶奶，我看尖猴儿没人要，就把尖猴儿带走吧！要尖猴儿的举手！"没有一人愿举手，尖猴儿急了："奶奶，好奶奶，你要我吧！"老奶奶摇了摇头。"好，那我把尖猴儿收下了。"说完，老爷爷就把尖猴儿领进了飞船，然后用小棒指了一下老奶奶的眼睛，奶奶的眼睛立刻就明亮了。

尖猴儿在飞船上叫着："我不要走，还有人要我呢！"可是没有一人理他。飞船越来越小，最后变成了一个黑点，消失在天空中。

咬 爷 爷

黄　迪

我小的时候有一个坏习惯，不是咬自己的手指，就是咬别人的手或者耳朵什么的。为这，遭到了妈妈的训斥、爸爸的暴打。我也很

想改，可我就是不明白，自己的坏习惯为什么总是改变不了呢？到后来，许多小朋友远离了我，都不和我一起玩。我不知该怎么办。

就这样到了四岁那年。

有一次，爷爷背我到公园玩。到了公园，我看见有人正在吃棒冰，就对爷爷说："我要吃棒冰，我要吃棒冰！"爷爷很爽快地说："好吧！"他走过去买了一支，递给我说："阿迪，给你！"我接过棒冰吃了起来，三口两口就吃完了。我看看爷爷奇怪地问："爷爷，棒冰可好吃了，爷爷怎么不吃呀？"爷爷笑着对我说："爷爷不喜欢吃！"

过了一会儿，我的"馋"瘾上来了，抓住爷爷的手说："爷爷，我想咬你手。"爷爷说："好吧，不过你要轻一点儿！"我捧起爷爷的手就像刚才吃棒冰一样，咬来咬去。不一会儿，就在爷爷的手上留下一个个鲜红的牙印。我抬头问爷爷："舒服吗？"爷爷笑呵呵地说："舒服，舒服！"我高兴极了，又张开嘴在爷爷的手上乱咬了一阵。

回到家里，我看见爷爷一个人躲在房间里涂药，赶忙冲进去，抱起爷爷的手，问："爷爷，你的手怎么破了？"爷爷笑笑说："是被小黄狗咬的！""小黄狗在哪儿，我去打它！"……

哈哈哈——我一下子明白了许多，扑在爷爷怀里哭了起来。

现在，我早已改掉了乱咬东西的坏习惯，但再回想起这件事时，我心里依然觉得特别难受。

小　河

阎玉佩

有人喜欢观看波澜壮阔的大海，有人喜欢欣赏水平如镜的西湖，而我却独独喜欢故乡那条姿态优美的小河。

穿过郁郁葱葱的树林，转眼间来到小河边。瞧！杨柳那婀娜多姿的枝条随风款款地摇摆，仿佛一位位少女在河边梳理着翠绿的长发。河水长流不尽，犹如一条翠绿的丝带飘向远方。阳光照射在水面上，波光粼粼。水中的太阳不住地随着波纹颤动。我陶醉地坐在河边，将双脚伸进水里。嗨！真凉！哟！调皮的鱼儿不断地吻着我的脚，弄得我浑身痒得慌。我一惊，摆了一下脚，这些鱼儿却不以为意地仍旧围在我的脚下嬉闹着，突然间又如那调皮的孩子般一哄而散地游走了。脚仍不停地搅动，河水溅了我一身，溅起的浪花欢笑着、奔跑着跳进河中。我又轻轻地用手捧起一群聚拢在一块儿的小精灵，可不一会儿，它们又不知不觉地欢笑着跳入水中。尝一下河水，凉爽爽的，略带点儿甜味。

岸边，有许多千姿百态的石头。瞧！这块像波澜壮阔的大海，这块形似天鹰，那块酷似沙漠黄昏，还有一些见也没见过、说也说不出名来的石头。这些石头星星点点地散落在清澈的河岸边，为小河增添了几分魅力。

我更爱看小河夕照，它会使你想起诗句："悠悠河水，夕阳光照……"晚霞倒映河中，仿佛打翻的颜料，慢慢扩散在水里。蓝光在河这一边闪烁，黄光、红光在河那一边摇曳。微波荡漾，搅乱了红光、蓝光、黄光，但层次依然分明，就如同一条彩虹。这彩虹闪耀着，好像要让水下的鱼儿观赏这五光十色的水上光环，时而有几条小鱼跃出水面，为这一幅画增添了许多生机。

小河的绚丽多姿让我陶醉，使我惊叹，大自然怎么造就出这么美的杰作？

荔港秋色

陈乐怡

静静地坐落在珠江河畔的荔港南湾绿化小广场，以明艳的色彩从蔚蓝的天际脱颖而出，构成了珠河之畔一道亮丽的风景。

这个绿化小广场就在学校的后面。倚窗眺望，只见绿树挺拔，碧草如茵，鲜花怒放，江水奔流，真令人赏心悦目。

我们踏着金秋的阳光，迎着习习的秋风，漫步在林荫小道上。小道是用蓝、白两色的小方砖铺成的，现出一个个扇形图案，一直伸向江边。小道两旁是草坪，草儿被金秋染成一片黄绿。伴随着阵阵秋风，小草拨动着黄绿的身子，跳起欢快的舞蹈，给人带来无穷乐趣。

草坪边上种着两排树木，有大叶榕、小叶榕、橡胶榕等，它们撑开绿色的树冠，挺立在蓝天下。我抬头仰望，一棵形状奇特的橡胶榕吸引了我。它高约八米，粗大的树干长到离地面几尺高的地方，便一分为三，形成了三根主干，中间的那根最粗。远远望去，就像巨人在草坪上倒立，可有趣啦！时值初秋，橡胶榕还是那么郁郁葱葱，那不计其数的枝叶向四面八方伸展着。叶子是椭圆形的，巴掌般大，质厚而光滑，表面像涂了一层油似的。在秋阳的照耀下，叶子闪着绿光，像一群绿色的活泼的小精灵在树上跳跃。啊，这是一种奇特的美！

草坪上种着各式鲜花，最好看当然要数美人蕉了。你看，它们的叶子像芭蕉，翠绿翠绿的。从叶子中冒出一枝枝细长而笔直的茎，绿茎的顶端开着一朵朵鲜艳的花。那花儿形如喇叭，色如朱砂，红得可爱，就像一群亭亭玉立的仙女，怪不得人们叫它"美人蕉"呢！瞧，菊花开得多灿烂，黄澄澄的，一簇簇地盛开着，仿佛是节日的焰火，真惹人喜爱！

我们沿着小道继续往前走，一座造型独特的喷水池出现在我们的眼前。喷水池是圆形的，用白色的带有灰黑色花纹的云石砌成，高不过六十厘米。水池中耸立着一座海豚塑像。看，两条灰黑色的海豚跃出水面，冲向蓝天。多么生动的造型啊！喷水池四周是圆形的花坛，里面种着嫩绿色的冬青。几股水柱在秋风中摇曳，池中盛开了朵朵晶莹的水花，好看极了。几位叔叔、阿姨坐在池边的石凳上，指指点点，说说笑笑，好不开心。嘿，他们准是看上了荔港南湾那幢楼房啦！

喷水池左侧有一座儿童乐园，里面的设备可多啦！那蜈蚣形的爬梯，奇形怪状的滑梯，有趣的转盘，五颜六色的秋千架……使人一看顿生爱慕之心，我多么希望能进去玩个痛快。

环视满园秋色，我感到身心愉悦，乐趣无穷，情不自禁地赞叹：荔港南湾秋色无限好！如果没有荔港南湾绿化广场，我们校园将去失去一半美！

大　明　湖

张　婧

　　大明湖是济南的三大名胜之一。"四面荷花三面柳，一城山色半城湖"是它真实的写照，那里还有趣味十足的儿童乐园。

　　走过写着毛主席诗词的迎门大理石碑，一直向前，一棵棵立在湖边的垂柳，就像一个个苗条的少女在湖边梳理秀发，一边梳还一边唱着"沙沙、沙沙"动听的歌曲，给人以美的享受。

　　走在湖堤上，眺望水势浩渺、芙蓉镜似的大明湖，真令人心旷神怡。数十只船、画舫从水面上悄悄地划过，留下一路燕尾形的波纹。湖水澄清，清得都能看到水里的鱼儿戏耍。

　　湖中心有一组精心设计的喷泉，中间的一个能喷五六十米高的水柱，周围的几十个小水柱相互交叉在一起，犹如巨形水塔的塔座。水珠四散，洒落在游人脸上，清爽极了。偶尔还会出现七色彩虹，为大明湖又增添了一份生趣。

　　在喷泉的西南方有一个湖心小岛，那就是历下亭，被层层垂柳包围着，掩映在绿荫和湖光之中。里面有许多文人墨客的题字，使历下亭显得更加古朴、典雅。

　　傍晚，微风中的湖面碧波荡漾，在夕阳的照耀下，闪烁着亮晶晶的光点，像撒了碎金、碎银。

夏秋之交，湖面上大片大片的荷花开出白色、粉红色的花朵。有的躲在荷叶背后，不肯露头，像个羞怯的小姑娘；有的从荷叶中探出头来，含笑怒放，散发出阵阵清香；有的还是花蕾，看起来饱胀得马上就要破裂开似的。一片片荷叶就像一个个翠玉雕刻的大圆盘，有的高出水面，有的贴在水上。

大明湖多美啊，乘一叶扁舟，荡漾在大明湖上，就如同进入了仙境。

大明湖东岸是苇塘，南岸是遐园、苍碧亭、山东省图书馆、湖天一角楼、明漪舫、绿云居、虹月轩等建筑，北岸有沧浪亭、花厅、铁公祠和汇波楼等，西岸是儿童乐园。

西岸真是名副其实的儿童世界，给我留下了深刻的印象。里面的娱乐设施各式各样，有摩天轮、碰碰车、滑行龙等。特别是新建成的海盗船，可怕的船长和水手被雕刻得栩栩如生。只见船长右手举着一把利剑，左手握一个钩子，两撇胡子翘得老高，满脸的杀气，让人毛骨悚然。海盗船启动时，上上下下地摇摆，就像荡秋千。乘坐的人有的吓得直叫，有的闭上了眼睛。这热闹有趣的儿童世界，真叫人流连忘返。

如果说泉城是一块翡翠，那大明湖就是嵌在翡翠上的一颗明珠。有时间请你一定来大明湖坐海盗船、滑行龙，欣赏一下大明湖的荷花和它那引人入胜的风景。

家乡的白杨树

解翠翠

我的家乡在小山脚下，是一个美丽的村庄。村子里有许多白杨树。每天上学的时候，路两旁的白杨树伴随着我。它们高大挺拔，像一个个守卫人民的战士。

春天来到时，树枝上爬满了一个个胖宝宝。当春雨哗哗下起来时，它们好像为了明天更加美丽，在拼命吮吸着甘露。一个多月后，芽苞开始抽叶，渐渐的，每根枝杈上都长满了绿叶，密密麻麻，一层一层，在微风中轻轻摇曳，像活泼可爱的小孩儿。

夏天到了，小宝宝们都长大了。满树的绿叶，阳光洒在每片树叶上。那翠绿明亮的颜色照耀着我们的眼睛，似乎每一片树叶上都有一个新的生命在颤动。这美丽的白杨树！雨过天晴的夜晚，白杨树更加美丽了。落在树叶上的水珠在月光的照耀下闪闪发光，像颗颗宝石。白杨树不仅美丽，而且有高尚的风格，对待小鸟就像对待自己的孩子，让它们在自己身上搭窝建巢，并且为它们遮风挡雨。

秋天，经霜的白杨树叶渐渐枯黄了，一片片黄叶在秋风中簌簌飘落。随着风时而像在打秋千，飘飘悠悠；时而像降落伞，缓缓坠落；时而像一群飞燕，悠然飞翔。多有意思呀！落满叶子的地面像铺了一层金毯。落叶被扫进花园，与大地融为一体，为了明年的希望。

华 山 松

阁文哲

　　我的家乡山东有许多种树木，其中最常见的是华山松，我对它有着一种特殊的感情。

　　记得小时候，我常常咳嗽，爸爸给我吃了很多药，可总断不了根。姥姥听说松子可以润肺，于是，她就经常从家乡寄松子给我吃。当时，我的牙还没长齐，咬不开松子的硬壳，妈妈就拿一把小锤替我敲，那又白又嫩的松子仁放到嘴里一嚼，一股松油的清香沁人心脾，真好吃啊！这样，我天天吃松子仁，不仅病治好了，而且身体也长得壮实了。

　　后来，有一次我到姥姥家住，问姥姥松子是什么树上结的。姥姥说："是咱家后山上的华山松上结的啊！"我又问："华山松长什么样啊？"姥姥说："等有空我带你上山去看看就知道了。"

　　在一个春和景明的日子里，一大早姥姥就带我到后山去看华山松。姥姥指着满山的树说："这就是华山松。你看，这些小树皮很光滑，大树的皮裂成方块状，很像一块块方布贴在上面，但不会脱落。这些树高的有几十米，矮的也有三四米。枝杈向四方伸开，叶子绿油油的像针一样，又像涂过一层油漆似的，多漂亮呀！"我左看右看，怎么也找不到我爱吃的松子，就问姥姥："松子在哪里？"姥姥笑着

说："傻孩子，松子要到秋天才有。你看树上那一朵朵小花，到了夏天，就长成了小松球，秋天松子就成熟了，像一个个绿菠萝似的。"我对姥姥说："到时候，我们再来看好吗？"姥姥说："那当然，我们还要捡很多很多松子呢！"

我盼呀盼呀，秋天终于来了，姥姥便带我去后山，嗬！华山松真的挂满了绿色的"菠萝"，沉甸甸的，把树枝都压弯了，可是还不见松子。姥姥看着我疑惑的样子，说："松子都在松球里面，只要把它摘下来，放在火上一烤，那像穿山甲一般的鳞壳会自己张开，松子就出来了。你要是不摘它，到了熟透了的时候，鳞壳会自己张开，松子便落下来，掉进泥土里，到明年春天就长出一棵小树芽。所以要收松子，就要在秋天时摘下来。"那时我想，松子又好吃，又能治病，比药强多了，华山松可真神奇……

去年寒假，在一个大雪纷飞的日子里，我又一次到了姥姥家。第二天早上，雪还没停，我就迫不及待地跑到后山去看华山松。啊！华山松可真美啊！针叶还是那么绿，树干在风雪中傲然挺立，不由使我想起陈毅爷爷的诗句："大雪压青松，青松挺且直。"我正想着，忽然一团团积雪从树梢落下来。我向上望去，看见枝上还挂着许多松包，已经空了。于是，我又想，那松子大概正在泥土里等待着春天的来临吧！到了那时，每座山上都会长满新一代的华山松，陈毅爷爷说的那种松树的精神，也会在我们每个人的心中生根发芽。

华山松活在我心里。

我和月亮说悄悄话

吴燕华

夜语如歌，蛙叫虫鸣，月光如水一般静静地泻在每一片叶子和花瓣上，薄薄的青雾浮在荷塘上方，叶子和花仿佛在牛乳中洗过一样，又像笼着轻纱的梦。抬头仰望明月，哇，好美！几缕云慢悠悠飘过，月亮姐姐穿梭其中，似乎拿着一方白净的手帕，在老远地召唤着我。我情不自禁地张开双臂，身体也随之飘浮起来。穿过云儿缕缕，啊，我和月亮姐姐见面了。偎依在月亮姐姐怀里，看着繁星甜美地睡了，我们说起了悄悄话。

"姐姐，我可不喜欢妈妈了。""妈妈那样疼爱你，怎么会不喜欢她呢？"姐姐非常惊讶，眨了眨美丽的大眼睛，疑惑地瞪着我。"妈妈叫我要诚实，自己却撒了谎。那一次，妈妈做了我最喜欢吃的红烧鱼，在一旁看我津津有味地吃着。我要她一起吃，她却摇摇头，说自己不喜欢吃鱼。后来我却发现她在厨房悄悄拣着碗里的每一小块的碎鱼片。你说妈妈是不是说了谎？"我的嘴不知不觉又不高兴地噘了起来。姐姐甜甜地笑了，用食指轻轻地戳了一下我的额头："那叫爱。"

"我也不喜欢爸爸！""这又是为什么呀？""啊——嚏！"星宝宝打了个喷嚏。"嘘！"我压低声音轻声地告诉姐姐，每天一下

班，爸爸就一把抱起我猛亲，又粗又密的胡子扎疼了我的脸，我说他了，可他就是改不了。姐姐摇了摇头："傻孩子，这也是爱！"爱？我茫然了。姐姐抚摸着我的头："长大了你就会明白。"此时，我真希望快快长大。

我仔细琢磨着月亮姐姐的话，似懂非懂……

夜还是那样恬静，冰清玉洁的月亮悬在深蓝的夜空，使整个世界变得宁静而富有诗意，深邃而又高远……

美丽的四面山

刘丝薇

在我的家乡，有一处十分美丽的自然景观——四面山。暑假时，我们去四面山游览了一番。四面山，顾名思义，四面环山。这里山清水秀，且不说四面山的山，只说四面山的水。

望乡台瀑布

来到四面山就不能不去看望乡台瀑布了。早就听说望乡台瀑布的壮美，它是中国第一高瀑。绕着弯弯的公路，一路上未见其形，却闻其声，轰隆隆的水声早已响彻山谷。山路十八弯，终于弯到了望乡台瀑布。我迫不及待下了车，哇！真是百闻不如一见，真不愧是华夏第一高瀑啊！它像一条巨龙从天而降，一泻千里！阳光透过淡淡的薄雾照耀着整个山谷，瀑布上豁然挂着一条彩虹！我被这绚丽壮观的景色惊呆了，一种莫名的感动涌起，此刻，我不禁想起那著名的诗句："日照香炉升紫烟，遥看瀑布挂前川。飞流直下三千尺，疑是银河落九天。"

水口寺瀑布

　　跟望乡台瀑布比起来，水口寺瀑布显得轻柔了许多。走在山中小道，四处鸟语花香，山泉叮叮咚咚地流淌，心情也十分轻柔，直想歌唱。不知不觉就走进了观瀑栈道，这是在瀑布的背面。我从未如此近距离、如此角度地接触瀑布，仿佛伸手可及。瀑布像一层薄纱温柔地缓缓地泻落下去，朦朦胧胧，如梦似幻。沿着观瀑栈道来到瀑布的前面，看到了水口寺瀑布的全貌，就像一位仙女伫立在那里，美丽小巧，神秘梦幻。而那水，就是披在仙女身上的衣裳了。轻轻地飘下，小心地溅落在游人的衣上，似仙女轻轻的抚摸，安详宁静，那一刻，什么都静止了，时间也停留了。

洪 海 泛 舟

　　洪海其实是一个湖。湖水碧绿清幽，像一块巨大的翡翠镶嵌在四面山中。泛舟湖上，两岸风景明秀，微风轻轻吹拂，风生涟漪，波光粼粼，十分惬意！游船上的人们或打扑克、麻将，或观赏如画风景，悠闲自在。湖中不时有鸳鸯戏水，犹如身处人间仙境。我不禁吟出一首诗：

　　洪海泛舟乐悠悠，鸳鸯戏水自在游。

　　两岸风光无限好，四面山景把人留！

变

曲欣洁

"妈，妈，快看呀！大吊车树林！"回想起去年乘车在高新至邹平路段所看到的那宏伟壮观的场景，心中总会感触深深，令人难忘。

那是一年前的一天，妈妈带我去邹平县城游玩。坐在公共汽车上，我的心早已飞向了县城。一路上公路两旁的白杨树快速地向车后闪去，但我仍嫌车跑得慢，好奇的我两眼紧盯着前方，车行路转，不一会儿就过了高新。快到邹平了，忽然，我看到了一个宏大壮观的场景：只见公路两边的工地上，钢铁巨人般的建筑塔吊有如密林，数不尽的巨臂左右挥动；一辆辆满载着建筑材料的运输货车忙忙碌碌地往返于尘土飞扬的工地；戴着黄色安全帽的建筑工人进进出出的……好一个繁忙壮观的场面。

上个星期天，妈妈又带我去邹平玩。一路上，我仍在惦记着那片让我着实难以忘掉的"大吊车树林"。

到了，终于到了能看到"大吊车树林"的路段了！

我赶紧四处张望，咦？昔日的钢铁巨人们怎么都不见了？

替代它们的是宽阔平坦、干净笔直的公路，两侧绿树成荫，花团锦簇；一座座厂房拔地而起，高楼大厦鳞次栉比；各种车辆来来往

085

眼睛的烦恼

往，上下班的人群脸上洋溢着浅浅的笑意……一派欣欣向荣的景象。

变了！邹平变了！邹平变得可真快呀！邹平发生了翻天覆地的变化！

妈妈告诉我，这就是魏棉工业园，邹平的经济正是因这些工业园得以迅猛发展，成功跨入了全国经济和社会发展双百强县。现在通过努力奋斗，已经跻身于全省前十强。

看到邹平这飞速而又辉煌的变化，听着妈妈的介绍，我心里很激动：我们小学生作为未来的接班人，应该从现在做起，从我做起，努力学习文化课，打好基础，练好本领，将来承担起建设家乡的重任，把我们的家乡邹平建设得更加充满魅力！

想着这些，我的耳畔仿佛响起了邹平电视台经常播放的一支歌来：“……好山好水万般风情，物华天宝人杰地灵，心齐气顺风正劲足，文明新风劲吹梁邹，六十八万兄弟姐妹昂首阔步向未来，邹平正是好时候……”

我爱我的家乡，我爱邹平！

铃铃铃……

习　忱

人都在长大，为了学业我离开了家，离开了妈妈。

刚离家的感觉只有孤独无助，我的心总在留恋那个充满康乃馨香味的地方。

时间如梭，我习惯了学校的一切，可妈妈的电话依旧经常打来。

一个星期天的早晨。

"铃铃铃……"电话铃响了。

讨厌！好不容易能睡个懒觉，该死的电话又打扰了本小姐的美梦！我气愤着，懒洋洋地拿起电话："喂，找谁呀？"我有气无力地问。

"忱忱，我是妈妈，你怎么了？"

"没事，这么早打电话有事吗？"

"噢，没事，就是天凉了，要随时注意添衣服，自己一个人在外面，要学会照顾自己！……"

"妈，"我赶紧截住妈妈的话，"你都说了多少遍了，我耳朵都长茧子了！没事我挂了！"没等妈妈把话说完，我就挂了电话。

"铃铃铃……"电话又响了。

"喂……"一个喷嚏从鼻子里飞了出来。

"忱忱，怎么啦？怎么啦？是不是感冒了？要多加衣服！按时吃药了吗？用不用打针……"

"妈，没事！别唠叨了，挺烦的！我挂了。""咣"一声。

"铃铃铃……"又是该死的电话！

"喂，又怎么了？"

"现在学习紧张吗？快要考试了，复习得怎么样了？有不懂的要及时问老师，要好好学习，妈妈最大的心愿就是……"

"知道了，知道了，又是老一套！我都记住了，烦死了！"电话又一次被我重重放下。

这次倒挺有效，几天没有妈妈的电话。可偏偏这几天我生病了。身边没有妈妈的照料，没有妈妈温暖的怀抱，没有妈妈安抚的微笑，连妈妈的声音也听不到，我的心好凉，我感觉不到一丝暖意，刹那间，我恍然大悟……

　　我需要电话声，我需要妈妈的声音、妈妈的爱，原来是这细细的电话线把我和妈妈的心紧紧连接在一起。

　　泪水中我拿起了电话……

别小看了这张纸

　　一小张纸虽然很轻，又容易撕断，可是要把它们的力量合到一起，那就不容易断了。我们人也一样，一个人解决不了的困难，大家一起来解决就容易多了，正如人们常说的那句话：团结起来力量大。

别小看了这张纸

张伊弛

上课铃响了，杨老师走进教室，从讲桌下面拿出来一个水桶，放在了椅子上，这只桶高约三十厘米，口径约有二十五厘米。

接着，老师又把水桶灌满了水，问谁能用一只手把这桶水提起来。孙立志走到了讲台前，轻轻一提，就把这桶水提了起来。老师又叫了王珉昊，他也没费吹灰之力就提起了这桶水，看来还是男生力气大呀。接着，老师又叫了我、张海悦和张云帆三个女生来提这桶水，尽管我们三人都把水桶提了起来，可也是费尽了九牛二虎之力。我心里非常纳闷儿：老师灌了满满一桶水，又让我们分别去提，到底干什么呀？

这时，老师又拿出了一卷卫生纸，撕下一小块，对我们说："看来用手直接提，谁都能提起来这桶水，现在我要增加难度，看谁能用我手里的这一小张卫生纸，把水桶提起来，而且手不能接触水桶。"

老师说完，用眼睛望着我们，同学们陷入了沉思。过了一会儿，郭若宁举起了手。他来到了讲桌前，拿起了那小张卫生纸对折又对折，共折了好几回，折成了一张小窄条，然后把纸穿过桶梁，将两头对齐，浑身一发力，小纸把水桶提起来了，郭若宁成功了！同学们发出了惊叹声。

想不到的是杨老师又增加了难度，他往桶里放了六瓶水，这回水桶又增加了重量，不知道还有哪位大力士能用一小张纸提起这桶水。

第一个上来的是聂永欣，遗憾的是他失败了。又有郭佳、陈子川、李昊等同学上来一试身手，他们用的方法大同小异，但不知是因为他们力气小，还是方法不太得当，他们谁也没能提起这桶水。

最后该轮到杨老师大显身手了。杨老师发现这卫生纸有三层，便把它一层一层地揭开，这样一张纸就变成了三张纸。杨老师分别把三小张纸在手掌上使劲地搓，然后又使劲地拧，三张纸就变成了三根小"麻花"，老师又把这三根小"麻花"拧成了一股，就像是一根细铁丝。他把这根"铁丝"穿在桶梁上，手一用力，哇！水桶被杨老师提起来了，同学们都热烈欢呼。

这节课让我明白了一个既浅显又深刻的道理：一小张纸虽然很轻，又容易断，可是要把它们的力量合到一起，那就不容易断了。我们人也一样，一个人解决不了的困难，大家一起来解决就容易多了，正如人们常说的那句话：团结起来力量大。

跳　山　羊

邵心如

体育课，老师郑重地宣布："这节课的活动内容是跳——山——羊。"话音刚落，教室里就炸开了锅，因为有人欢喜有人忧。

"山羊"被请到操场上，老师在"山羊"周围铺了软棉垫："下面我给同学们讲解一下动作要领。"老师一边说着一边做着示范，轻松地在"山羊"上一蹦而过。我呢，根本没听清老师都讲了些什么，眼睛里只有那只"山羊"——黑黑的皮垫子，用四根铁杆稳稳地支撑着，从同学们刚才抬它的动作来看，挺重的。

"嘘——嘘！"哨子长一声，短一声，老师开始点名让同学们来试跳。邵鹏是第一个。他可是个体育健将，根本没把这小小的"山羊"放在眼里，蹬两下腿，就冲了过去，像一阵龙卷风一样。到了到了，他并起双腿在跳板上一顿，从皮垫子"卷"了过去。谁知他脚板勾到垫子上，像只海龟一样，在软棉垫上摔了个四脚朝天，老半天爬不起来。

"哈哈哈……"操场上爆发一阵狂笑，许多人狠狠地跺着脚，都快笑疯了。

如果说第一个"吃螃蟹"的是英雄，那么第二个算什么呢？陈雪，是老师点名第二个跳山羊的试验品。陈雪一脸紧张，向前跑了几步，又缩了回来，踢踢腿，做着热身动作。她小心翼翼地跑着，双腿在脚踏板上一蹬，飞起来了。她没有掉下来，也没有跳过去，就这样卡在"山羊"背上，骑"羊"难下了。

要我出场了，我的心怦怦跳着，没有掌声，没有欢呼，操场上似乎被泼了一盆冷水，仿佛一场滑稽笑话即将上演。我没有后退之路，使劲跺跺脚，扬起一小片尘土，成功也好，失败也罢，拼了。我眼盯着"山羊"，飞快地冲过去，到了跳板上，已经没有仔细思考的时间了，我用手在皮垫上一按，当双脚离开踏板的时候，双手自觉地松开了。落地，我一个趔趄，身体向前倾去，我连忙用双手支撑。没有顺利地完成，但也没有出丑，我对自己的表现还算满意。

走回来的时候，我回头望了望"山羊"——下次我一定征服你。哼！

与其妒忌别人，不如超越自我

——读《草船借箭》有感

黄智超

　　自古以来，总有那么一些人，看到别人有才干，比自己强，不是发奋直追，而是怀着妒忌之心，不择手段地加以陷害。

　　故事《草船借箭》讲的是周瑜看到足智多谋的诸葛亮处处高自己一招，便心怀妒意，处心积虑想置诸葛亮于死地。他以军中缺箭为名，要诸葛亮十天之内造出十万支箭。然而，神机妙算的诸葛亮却成竹在胸，趁着大雾漫天，略施小计就用草船从曹营"借"来十万支箭，提前七天顺利完成了任务，使周瑜的诡计没能得逞。

　　有些人为什么会有妒忌之心呢？那就是害怕别人超过自己。当别人有了成绩，为社会做出了贡献，受到人们的尊敬和爱戴的时候，这种人不是去探究别人取得成绩的原因，不是虚心学习，顽强拼搏，取人之长补己之短，而是冷眼讥讽，甚至恶语中伤，这是多么愚昧无知的表现啊！

　　读了《草船借箭》，我不由得想起了数学家华罗庚爷爷。华爷爷是数学界的泰山北斗，可以说是学贯中西，举世闻名。可是他在读小学的时候成绩并不怎么优秀，数学考试常常不及格。在这种情况下，他没有灰心，更没有妒忌学习成绩好的人，他始终坚信通过自己的努力能够赶上别人。有志者，事竟成，通过不懈努力，华爷爷终于成了万人景仰的数学家。尤其难能可贵的是，当天赋超群的陈景润崭露头角时，华爷爷不是担心他会盖过自己的风头，不是去打击贬低，而是去培养提携，鼓励他去努力摘取数学的王冠。华爷爷这种高尚无私的精神是多么值得我们去学习啊！

读《草船借箭》，我不由得想起了自己，妒忌心理不是也有吗？如果考得不好，不是去认真分析自己错在什么地方，以便对症下药，有针对性加强学习，而是希望取得好成绩的同学，在下次考试中出些差错，好和自己扯平。看起来是无伤大雅的小事，其实这可怕的妒忌心既严重地禁锢了自己前进的脚步，又伤害了同学之间的感情，于人于己都极为有害啊！

与其妒忌别人，不如超越自我！所以，我们一定要从小杜绝妒忌他人的不良习气，做一个心胸宽广的好学生。

094

交朋友的滋味

李杲宇

"朋友"这个词想必大家都熟悉，我每每想起交朋友的经历，心里就像打翻了五味瓶，酸、甜、苦、辣、咸，什么滋味都有。

当我还是一名新生来到一个陌生的班级时，内心是多么孤独，而孤独时，想起以前的老朋友又是多么失落，失落时心里有一种说不出的滋味，那就是"酸"。我时常呆呆地坐在教室里，看窗外的绿树、绿树间的飞鸟，无限思念油然而生，真希望昔日朋友能像小鸟一样能飞到我的面前。

一学期后，我结识了不少朋友。她们也视我为好朋友，有空叫我一起玩，放学手拉手一起走，放假我们一起做功课、玩游戏，这时的滋味，那就是"甜"。周末的下午，放学我就和朋友们约好明天去谁家玩。我去时心里美滋滋的，回时心里乐融融的，有朋友的日子真甜蜜啊！

可过不了多久的安宁日子，就出现了你争我抢的现象。抢什么？当然是抢朋友了。每次"冤家"相对相互仇视，每次争抢朋友互不相让，每次朋友面前明争暗斗，每次……没完没了，真是"苦"呀，为什么不能都做朋友呢？

有时真想化敌为友，可"敌人"的心思太难捉摸，虽然偶尔也有缝隙可钻，可就像一只红辣椒，红得诱人又辣得难以下口。我时时想改善一下天天争斗的情形，所以那日主动冒险与"敌人"搭了一下话，她好像看出了我的心思，也紧密配合我。放学时，她和我打招呼，热情地说："今天放学一起走，怎么样？"我当然满口答应。在路上，当无话可说时，她主动找话，我们叽叽喳喳地到了岔路口才分开，约好明天见。

新的一天开始了，我早早地来到学校和她约定好放学一起走，真是世事难料呀，在路上我碰到了我最好的朋友，她也一个人走在路上，她看见了我与我打招呼。我也及时打招呼并请她和我们一起走，可她满脸不高兴转身就离去。我心想："怎么办？如果冷落了这位新朋友，我的心血就白费了。不理好朋友呢？不行，她可是我无话不说的好朋友。"我心里的激战开始了，但我还是坚信好朋友能理解我，就视而不见地走过她的身旁，真不忍心可又不得不这样。这真像一道放了太多太多盐的菜，不得不吃，可又难以下咽呀。

交朋友的滋味真是千奇百怪、五味齐全呀。

带你去游象山

项　灿

　　这个黄金周里，我们全家随着如潮的人群去了象山，我别提有多高兴了。

　　一路上，爸爸把汽车开得飞快，微风吹拂着我的脸，窗外的景物一跃而过，一下子就把我们带到了象山。

　　我们先到了象山影视城。那里都是一些仿古的建筑物，有城楼、弓箭台、断头台、赛马场……妈妈告诉我，这里是为拍电影而建起来的，许多电视、电影的拍摄都是在这里完成的，有好多电影明星都来过呢。我赶紧向四周张望，想一睹明星的风采。妈妈好像看透了我的心思，说："别找了，今天明星们也忙过节日呢！"我只得吐吐舌头，失望地向妈妈做了个鬼脸。

　　吃过中饭，我们又去了石浦的中国渔村。一走进渔村，映入眼帘的是一艘旧日的渔船，上面醒目地刻着"中国渔村"四个字。我从没有这么近距离地看到渔船，那架子真把我看呆了。我又向四周环视，用巨石铺成的广场一边是一堵用鹅卵石砌成的石墙，另一边则是一些错落有致的渔楼。灰色的瓦片上挂着一盏盏红灯笼，旋转的风向标，晒在墙角的渔网、浮子，在海风的吹拂下摇曳着，仿佛向远道而来的人们打着招呼。"哗……哗……"我的耳朵里又收集到了海浪的声音。我循声看去，金色的沙滩到处是一个个脚印，拍打着石崖的浪花奏着欢快的乐曲。沙滩上，前来观光的人们都在尽情地玩着，我和爸爸也迫不及待地加入了这支欢乐的队伍。我们租了一辆摩托车，在柔软的沙滩上行驶着，细沙从车轮上飞溅起来，打在我的脚上、裤子上。下了摩托车，我索性脱下了鞋子，光着脚丫，在沙滩上奔跑，后面印下了我一串长长的、歪歪斜斜的小脚印。海浪也好像一个追逐嬉闹的孩子，一排接着一排地向岸边冲过来，带着我的脚印又嬉笑着退去。哈哈，我的身上沾满了海的味道，我成了一个海的孩子。

如今的象山，已经建成了一个以中国渔文化为主题的休闲度假旅游基地，每到节假日，就有成千上万的人涌来，来到这令人神往的地方吹吹海风。

今天，我们真的是不虚此行。"五一"节的欢乐，在这里得到了最大的释放。

美丽的西湖

邵翊戴

"欲把西湖比西子，淡妆浓抹总相宜。"这句诗充分写出了西湖的美丽，这次我亲眼看到了西湖的美景，感受到了她清澈的湖水，连绵不断的山峰。

我和爸爸妈妈来到西湖边，第一眼看到的就是那漂满荷叶的西湖，这会让我想象到：夏天，美丽的荷花会在一张张荷叶之间冒出来，露出嫩黄色的小莲蓬，像水中的一个个大舞台。青蛙在上面呱呱地唱歌，小鱼在上面欢快地跳舞，小虾在上面伴奏……

还有那岸边绿油油的小草，中间夹着一些野花，有红的、蓝的、紫的、黄的，像一张绣满花纹的地毯。金色的落叶纷纷从大树妈妈的怀抱中落下来，好似许多金蝴蝶以各种姿势飞了下来。

最美丽的要数西湖中的音乐喷泉了，音乐一放，它们就跟着音乐跳起来了，当音乐温柔时，它们互相交叉，左弯弯，右弯弯，好像一些会跳舞的美女；当旋律加快，它们就一个挨一个地快速下腰，有高有低的，仿佛一队很有经验的舞蹈家，美丽极了！

这些优美的风景凑成了美丽的西湖，让我们流连忘返。我爱西湖的荷花，我爱西湖边的小草，我爱西湖中优美的音乐喷泉，更爱美丽的西湖！

098

暴　雨

姜赟琦

傍晚，天比以往黑了，风也大得很，人们一看天气就知道马上就要下一场暴风雨，都加快了步伐。

远处，乌云密布，大风狂作，门口的树枝猛烈地甩动，好像在打架，树叶沙沙作响。过了一会儿，整片天空都被乌云盖住哩，黑压压的，天似乎被一层黑布遮住了，一会儿轰隆隆的雷声吓得人急忙往屋里跑，一会儿霹雳的闪电让人望而生畏。虽然很吓人，但那奇形怪状

的闪电让我禁不住要出去瞧瞧。我和弟弟拿了一条凳子坐在外面，捂着耳朵望着天空中奇特的闪电，瞧！这条闪电像一条长龙，那条闪电像一棵树……风还在呼呼地吹着，吹得我的头发乱糟糟的。

说时迟那时快，迅雷不及掩耳，倾盆大雨顿时从天而降，所有人都没有防备，我和弟弟被这从天而降的大雨淋成了落汤鸡。我俩抱着小凳，连滚带爬地"爬"进店里。爸爸妈妈见了笑得合不拢嘴，连忙拿毛巾来给我们两只"鸡"擦干。门外，雨哗哗地下着，路上没带雨伞的行人跑到路边的店里避雨。雨声夹着雷声，"哗——哗——哗——轰隆隆——"

大雨过后，天色又亮起来了，街上又恢复了安宁，小学生们快活地踏着水花回家了。

我 爱 夏 天

王 鑫

夏天来了吗？我曾不止一次地问大地，问蓝天，但它们都只是憨厚地对我笑了笑，并没有给出答案。可我是个犟脾气，不厌其烦地问，它们被逼急了："你去问风吧！"

问风，风知道夏天在哪儿，它什么时候来到我们的身旁。于是，似乎是一阵微热的风，就吹来了夏天。好家伙，说来就来，带着热情来了，更带着不一样的感受来了——

夏是闷热的。夏天，它一来，告诉人们，脱去那笨重烦琐的包装

别小看了这张纸

吧。就是告诉人们把衣服穿得再少点儿。可夏天的热情还是让人大汗淋漓，即便是遮阳伞、太阳帽也挡不住火热的阳光。懒惰的人们每天都想在空调房中度过。

夏是美丽的。你就瞧瞧那翠绿的叶儿吧，树叶在阳光的照耀下绿得发亮，绿得流油。还有那满地的鲜花竞相开放，那么多的蝴蝶在五彩斑斓的花丛中飞来飞去，像一位美丽的女郎在轻歌曼舞。绿草在微风中荡漾，掀起了一层层绿色的波浪，散发着迷人的青草味，荡出了夏的生机，漾出了夏的风采。

夏既是宁静的，又是喧闹的。白天，池塘边的柳树静静地立着，映在水面上，像一位待嫁的姑娘在对着镜子梳妆打扮，漂亮而迷人。而知了却不甘寂寞，一个劲儿地叫着"热啦——热啦"。晚上，宁静的池塘边青蛙在"哇哇"地叫着，叫出了夏的美丽，夏的文雅，夏的乐章。

我爱这多姿多彩的夏天。

100

小 蜗 牛

尤敏洁

令人心惊肉跳的台风过去了，但大暴雨还是下了几天几夜，雨终于停了，风也止了，天气也晴了。我来到门口呼吸新鲜的空气。突然，我发现墙角上有一个胖乎乎的东西在缓缓蠕动，我走近一看，原来是一只灰色的小蜗牛。见它长得那么怪，我对它产生了兴趣。

我拿着放大镜，仔细地观察着小蜗牛。小蜗牛的背上驮着一个土黄色的壳，想必这准是小蜗牛的"小房子"，一有危险它就马上躲进"小房子"逃生。

　　看来，这"小房子"不但是小蜗牛的住所，而且还是小蜗牛的特殊"保镖"哩！小蜗牛的头上有两对触角，一对长一对短。长的两根触角上面有两粒黑黑的"小芝麻"，那可是小蜗牛的眼睛。短的那对触角则是小蜗牛的鼻子。这两对触角就像盲人的拐杖一样重要，小蜗牛可不能没有它们！你瞧，我用手碰了一下小蜗牛，它就马上钻进了硬壳里！

　　看来，它还蛮机灵的嘛！小蜗牛的尾巴尖尖的、薄薄的，十分可爱！我还发现小蜗牛爬过的地方有一道又细又窄的、亮晶晶的东西，我问妈妈那是什么，妈妈说："这是蜗牛的腹足留下的液体，蜗牛回来看到了黏液，就可以顺着黏液找到家了。"原来如此呀！

　　蜗牛最爱吃白菜、黄瓜等蔬菜，吃的时候还会发出轻微的沙沙声！蜗牛喜欢住在潮湿的地方，一旦被烈日晒到，不一会儿它就会变成"蜗牛干"，所以，蜗牛一般在雨后活动！

　　我真喜欢这只小蜗牛，它带给我许多的乐趣！

第一次饲养小动物

栾思杰

　　同学们，你们是不是有许许多多的第一次呢？我今天要讲的是

"第一次饲养小动物"，它给我留下了深刻的印象。

记得那一次我去哥哥家玩，哥哥给我买了一只小白兔。这只小白兔有一身雪白的衣裳，一对长长的小耳朵，一双红眼睛不时地瞅瞅这儿，看看那儿，好像周围的一切对它来说都很新奇，一张三瓣嘴，一条短短的小尾巴，样子十分可爱。于是，我便给它起了个名字，叫"小可爱"。

哥哥才把它买来的时候，我就忙得不可开交。我既要给它做房子，又要给它找食物。我怕它会溜走，便找了一根红绳，把它拴了起来，这样，我就可以安安心心做房子了。我找了几块木板、几根钉子和一把锤子，准备工作做好了，我就细心地做起来。"当当当……当当当……"我用锤子使劲敲钉子，不一会儿，一个长方形的房子便诞生了。我把小白兔放了进去。给它拿了一棵小青菜，我掰下一片青菜叶，放进它的房子里，小白兔看见了，急忙跑过来，津津有味地吃了起来。

小白兔吃食物也很逗人。它先用三瓣嘴衔着青菜叶，然后嘴巴一动一动，不停地咀嚼。有的时候，它还不时地用爪子往嘴里塞塞。

白兔每天吃三顿饭，早晨一顿，中午一顿，晚上一顿。每顿四片青菜叶，半块小馍馍。每天我至少要带它出去散一次步。经过我的精心饲养，小白兔越长越可爱了。

同学们，我第一次饲养小动物养得还不错吧！你们有什么经验，赶快告诉我吧！我可等不及了。

我 爱 我 家

钮树清

"我想有个家，一个不需要多华丽的地方……"每当听到这首歌，我就会想到自己的家。

我一直在想：我的家并没有华丽的装饰，但却有无尽的关爱和温馨。我时常告诉我的朋友，我的家就是这样温馨和谐，我的家是超幸福的地方。

如果你要我把家做一个比喻，我一直在想，我的家就是一条大航船。

爸爸是船，是一艘大船，同时也是一个船上的主舵手。船载着我驶向求知的彼岸。当全家遇到大风大浪时，舵手就会想尽办法使全家避免风浪的侵袭。这艘船在大海航行中，教会了我许多人生哲理：只有不怕风浪，不怕艰难，才能成功。

妈妈是帆，妈妈是船上的大帆。当船不动想退缩时，帆便鼓励大船别退缩，并帮助船继续前行。一旦船疲劳时，帆便起了作用，帆和船一起用力，船便行得又快又稳了，而且船也减少了许多疲劳。

奶奶是风。当船和帆累得再也行不动时，有了风的帮助，船便开动了。无论顺境还是逆境，只要全家人齐心协力，不管什么样的大风大浪都能挺过去。

103

别小看了这张纸

在这条船上，我最幸福，因为船载着我，让我赏尽了海上的无限风光，并且学会了如何战胜风浪，如何做人，如何为别人着想……

生活在这个温馨的家里，我十分快乐！

我心中的丰碑

罗　琳

星期天的早晨，暖暖的太阳照射着大地，又是一个晴朗的好天气。因为我提前做完了家庭作业，心理甭提多高兴了。闲来无事，到姥姥家"杀"一圈也是蛮爽的。跟妈妈打了招呼后就奔向了离我家不远的汽车站。

人逢喜事精神爽，心情愉快自然也觉得周围的一切是那么惬意。正在我四处打量之际，有一不和谐的"色调"闯入了我的视线：就在我前面不远处有一位络腮胡子的彪形大汉，眼戴墨镜，上身穿着黑色背心，露出黝黑粗壮的肌肉。看到这些我马上想到了在电视上所见到的黑社会老大的形象，顿时心里充满了恐惧和反感，我本来愉快的心情这时已打了折扣，汽车怎么还没到站？

没过多时汽车停了下来，在售票员的搀扶下上来一位步履蹒跚的老人。由于车上已是人满为患老人只好无奈地借助拐杖站着，随着汽车的开动，老人就像风中的不倒翁前摇后摆。我正想努力穿过人群，让老爷爷过来坐我的座位时，耳边传来"震耳欲聋"的声音："老大爷，您老这么大年纪了，快过来坐下。"我循声望去，原来是那位

104

"黑老大"抢了我的"买卖"，这时全车人一点儿声音也没有了，我想可能是各人的心里都想着一样的问题吧！

我望着前面"黑铁塔"似的背影，顿时"黑老大"的想法已荡然无存，一座丰碑映入我的脑海并走入我的内心深处。

蚂蚁大战蚯蚓

张志东

105

你见过蚂蚁吗？相信大多数人都会说，这谁没见过？可是若问你觉得蚂蚁团结吗，怕是许多人不知道怎么回答，甚至会说，那么柔弱的小家伙，会知道团结？这里，我将用自己亲眼所见，告诉你们，它们真的是很团结。

有一天，我在家门口的树根边，发现了蚂蚁的窝。这些忙碌的家伙，进进出出的，在忙什么啊？我突然来了兴趣，想逗它们玩一玩。

我在树旁的沟渠边，找了一条蚯蚓。我把这条蚯蚓放在蚂蚁窝前。

过了一会儿，有一只蚂蚁出来找食物了！那只蚂蚁第一个发现了那条蚯蚓。这家伙，它立马冲了过来，爬过去，张开口就去咬那蚯蚓，可那蚯蚓头一摆，只一下就把小蚂蚁甩开了！小蚂蚁立即快速向自己的窝的方向爬去。我不知怎么回事，难道它逃跑回家了？

不一会儿，几只蚂蚁来了。哦！原来，小蚂蚁去叫同伴一起帮忙打死那条蚯蚓。蚂蚁们有的咬蚯蚓的头，有的咬蚯蚓的身子……蚯蚓不停地在地面上打滚儿，有的蚂蚁被蚯蚓压住，有的被蚯蚓甩开，但蚂蚁们还是坚持不懈地爬回去继续紧紧地咬住蚯蚓！过了一会儿，蚯蚓的动作越来越慢了，接着一动不动了，死了，蚂蚁打了胜仗咯！

这场战斗蚂蚁正是靠团结和坚持不懈的精神打赢了，我们都应该向蚂蚁学习这种精神！

碰　蛋

施姗姗

在全国各地，大多数地方都有立夏时吃蛋的习俗，我的家乡南通也不例外。立夏这一天，家家户户都要煮蛋，人人都要吃蛋。立夏除了吃蛋，对我们这些孩子来说，最高兴的就是玩一种趣味无限的游戏"碰蛋"。

立夏这天一大早，妈妈就煮了十几个鸡蛋和鸭蛋。吃蛋前，妈妈提议我们全家举行一次碰蛋大比拼，看谁的蛋最结实，最耐碰。我一听，高兴得一蹦三尺高。

"我来向你挑战！"爸爸挑了一个最大的鸡蛋在我面前晃了晃。望着爸爸那庞然大物，我有些害怕了，就轻轻地抚摸着自己手中的蛋暗暗地想："我的小宝贝呀，请你帮我争口气！""一、二、三、开始！"妈妈伸出两个手掌，向里一合，我和爸爸各自拿着鸡蛋向对方"冲"去，只听"咔嚓"一声，我紧张地闭上了眼睛。"第一轮，姗姗赢了！"我简直不相信自己的耳朵，微微地睁开眼睛一瞅，爸爸的蛋真的已经是面目全非了。"哈哈哈！"我得意地笑了。爸爸不服气，又换了几个蛋，但很快都被我的蛋打得败下阵去。我越来越得意，还称自己的蛋是"蛋中之王""常胜将军"。

"我来和你碰一碰！"妈妈挑了一个最小的鸡蛋向我发起了挑战，我轻蔑地看了一下妈妈的小鸡蛋，心想："你的蛋也太自不量力了，敢跟我这个'蛋中之王'比，我把爸爸那么大的蛋都打败了，这不是自己找死吗？"心里一边想着，一边不以为意地向妈妈的蛋碰去。"咔"的一声，我正准备向妈妈炫耀时，猛然发现自己的蛋出现了一个窟窿。我满脸疑惑，惊讶地张大了嘴巴。妈妈抚摸着我的头，笑着说："你的蛋与爸爸的蛋打了几个回合，已伤了元气，这时，我的蛋乘虚而入，就很容易把你打败了。"原来是这样，我豁然开朗。

看来，不论做什么事，都要知彼知己，才能百战不殆。特别是在取得一些成绩时，如果盲目乐观，麻痹大意，很有可能出现意想不到的结果。

今年的立夏，又使我成长了许多。

107

妈妈受骗记

丁卡特

一天下午，我闲着没事，随手拿起一本《小魔术》看起来。

这本书真有趣，比如现在我从这本书里看到了一个小魔术，既简单又有趣：用削尖了的肥皂条，可以在镜子上画出"裂痕"。看到这

里，我脑子里有了个想法：我想试验一下，顺便吓唬吓唬爸爸妈妈。想到这里，说干就干。

我拿了一块肥皂，切下一条，然后用小刀"唰唰"几刀，就把肥皂条削成小蜡笔的样子了。我来到爸爸妈妈的房间，站在衣柜的镜子前，用"小蜡笔"在镜子上画了两条又细又长的"裂痕"。"啊，真像！"我简直不敢相信自己的眼睛。

妈妈下班回来了，我立即装出一副着急的样子说："妈妈，妈妈，衣柜的镜子不知怎么就破了！"妈妈进屋一看，也急了，冲我嚷了起来："是不是你打破的？"她用审问的眼光逼视着我。"我根本不知道，刚才我进来才发现的。"我强忍住笑，极力分辩着。妈妈又盘问了我几回，呵呵，得到的回答当然是一样的。"这么说，是镜子自己把自己打碎了？"妈妈显然更生气了。我忍不住"咯咯"地笑了起来。妈妈瞥了我一眼，感到有些不对劲，就改变了态度，笑着对我说："你在骗我吧？"我得意地说："我变的是魔术。镜子根本没有裂开，只是把书上学来的知识用了用。"

"哦……"妈妈看着我，拍手叫绝。

幸福的微笑

今天吃过晚饭，不知怎么的，妈妈又是捶背，又是捶腰，一脸倦意，连洗碗的任务也交给爸爸了。

看着妈妈疲惫的样子，我忙问："妈，你怎么啦？"

"没事，可能是店里太忙了，劳累过度。我洗洗脚，今晚想早点儿休息了。"

也难怪，我们一家从外地迁居何市安家，好不容易在何市镇上开了个小百货店，店里的一切全靠妈妈一个人张罗。每天她起早贪黑，非常辛苦。

"妈，我帮你洗脚吧！"我脱口而出。

妈妈说："真的呀？那'小公主'今天真是辛苦你了。"

我笑着说："妈，没什么！香九龄都能温席，我都十二岁了，难道不能帮你洗一洗脚吗？"

说着，我忙去打好洗脚水，再帮妈妈脱了鞋子、袜子。顿时，一股难闻的气味扑鼻而来，我忙捂住鼻子。

妈妈看出了我的心思，说："湘湘，还是我自己来洗吧！"

我连忙放下捂着鼻子的手，连声说："没事，没事……"

是啊，妈妈以前天天帮我洗脚，小时候还一直帮我换尿布，她怎么不嫌脏呢？此时，我感觉自己的脸有点儿微微发热。我赶忙把妈妈的脚放进盆里，洗了起来。洗着洗着，我摸到了妈妈的脚底，感觉硬邦邦的。一看，原来妈妈的脚底长满了老茧。妈妈每天天不亮就起床去看店，中午又得赶回家为我们准备好午饭，忙完，又要到店里做生意……没有一天不是这样忙忙碌碌的，妈妈撑起这个家是多么不容易呀！想着想着，我的眼泪在眼眶里打转，手里的动作不禁慢了下来。

妈妈发觉我在发呆，摸了摸我的头说："湘湘，你怎么了？你真会洗脚，今天帮我洗得真舒服……"我边帮她擦干脚边对她说："妈，如果你觉得舒服，以后我天天帮你洗。"

我怕妈妈看到我的泪眼，不敢正眼望妈妈，端着洗脚水，回头偷偷看了她一眼，只见妈妈的脸上洋溢着从来没有过的幸福的微笑……

别小看了这张纸

上帝的第一份礼物

　　童年，金色的童年，精彩、神秘，是上帝送给我们每个人的第一份礼物。可是又有谁把童年的天真、纯洁、美丽完整地保存下来了呢？

上帝的第一份礼物

王晓莉

当一个婴儿出生时，就代表一粒新的种子开始发芽了，而童年就是那稚嫩的芽尖。

在生命阳光下，童年的棒棒糖成了这个世界里的彩虹。那甜蜜的笑脸是天真、纯洁的气泡。飘着的星星，可以摘下来的银河……是每个孩子自己的童话。在他们的童话王国里，美人鱼可以与著名画家达·芬奇的《蒙娜丽莎的微笑》相比，可怜的卖火柴的小女孩儿远比挣高薪、没童心的大人们美丽、纯洁得多，魔法棒比金钱更可贵、神圣……他们的梦想不是成为像比尔·盖茨一样富有的人，而仅仅是可以拥有一个可爱的洋娃娃，可以学会隐身术，可以拥有一对翅膀在天空中同气球一起飞翔……这些美丽的愿望同金钱、名利这些生不带来死不带去的东西比起来是那样的美丽、纯洁。

也许你会因为孩子无意撕坏了一本书而打他，可他不会因为你的离弃而责怪你；也许你不会因为孩子丢了他珍贵的玩具而哭泣，但他会因为你的冷漠而流泪或号啕大哭；也许你不会注意孩子手上的小伤，而他会默默地为你盖上被子……

任何生命无罪无过，真正有过错的是因为私欲而丢失、忘记了原有的天真。

童年，金色的童年，精彩、神秘，是上帝送给我们每个人的第一份礼物。可是又有谁把童年的天真、纯洁、美丽完整地保存下来了呢？

断 笔 风 波

陈逸如

每当看到文具盒中的断笔时，我就会想起二年级时与谢舒之间发生的事。

记得那天，我们班正在进行语文测试。我正写着，忽然听见有人在小声地叫我，我仔细一听，声音是从谢舒那里传来的，原来，谢舒的铅笔断了，向我借笔。我一边埋怨谢舒太大意，一边从文具盒中取出我心爱的自动铅笔递给她。之后，我又投入到紧张的考试中去了。

"丁零零……"下课铃响了，老师收上了卷子。我立刻跑到谢舒旁边，向她要还我心爱的笔。她笑着说了声"谢谢"便在她垃圾堆般的抽屉中翻找起来，嘴上一边说"哪儿去了"，一边乱跺着脚。"嘣"一声，我一看，我的笔从谢舒抽屉中滚落下来，谢舒好像没看见，"咔嚓"一声，啊，我的笔，悲惨地被谢舒的臭脚丫结束了命运！这可是我早晨刚买的笔啊！我拾起断笔，笔上那个活泼的小白兔，也永远地闭上了眼睛。我的眼中不禁滴下了一滴泪，谢舒沉默了，空气凝固了。"丁零零……"上课了，我快快地回到座位，心情十分低落，老师的讲课我一个字也没听进去。

113

好不容挨到放学，我走在回家路上，一切都变了味儿，天没那样蓝了，树也死气沉沉的，路边的花儿也仿佛没那么鲜艳了，变丑了。我忽然听见一个熟悉的声音——谢舒在叫我。她快步追上我，没等她说话，我便狠狠地瞪了她一眼，滔滔不绝地数落她："你知不知道，你弄断了我的笔我多伤心，那支是我最心爱的笔，那是我早晨刚买的，我好心借你笔，你有没有良心……"我内心难受极了，恨不得用所有的言语来攻击她。"对不起喽！"谢舒打断我，我生气极了："一句'对不起'就赖皮，想得美！我再也不理你了！"就要走时，她又追上，递给我一支断笔，说："别生气了，我们和好吧！看，这是我赔你的！咱俩继续做好朋友吧！"我笑着说："那你要说十个'对不起'哟！"谢舒果真摇头晃脑，咧开嘴连说了十几个"对不起"，我也开心地帮她数着，直到回家。

这支断笔至今我还留藏着，那是我与谢舒之间友好的见证。

114

美丽的九曲大桥

陈科宏

我的家乡在资阳，那里风景如画，尤其是造型美观的九曲大桥，是资阳市发展的一大景观。它的建成标志着资阳这座新兴的城市向现代化迈进了一大步。

九曲大桥坐落在资阳市雁江区城南郊外的九曲河上，它的前身叫"黄鳝溪大桥"。远远望去，九曲河就像一条长龙横卧在九曲河上。

只见桥身长约一百一十几米，是用钢筋水泥铺砌而成的。桥宽二十多米，两边是人行道，是用大理石铺成的，人行道两侧是一米多高的石栏。桥中间的主车道可以并排行驶四五辆大汽车，这让九曲大桥显得雄伟壮观。桥下有十二个桥墩，像十二只巨手稳稳地擎起桥身，让九曲河的水乖乖地流向沱江。

　　来到桥上才发现，九曲大桥不仅坚固而且美观。桥两侧的石栏上雕刻着栩栩如生的图案。那刻着乌龟和蛇的，就叫玄武，和那朱雀、白虎和青龙，就是传说中的保佑四方平安的"四圣兽"，此外还有象征远古文化的"太阳鸟"……看见它们，就好像自己也融入了久远的历史中，仿佛和它们对着话，这就让我更加爱九曲大桥，爱我家乡悠久的文化。

　　桥两侧还各有二十一盏造型美观的霓虹灯，每当夜幕降临的时候，它们就像百花吐芳一样，绽放出耀眼的光芒，远远看去就像一道灿烂的彩虹，时而绿，时而红，时而蓝……让你看得眼花缭乱，应接不暇。那绚烂的光彩把九曲大桥打扮得多姿多彩，也给过往的车辆旅客增添了温暖的光明。站在桥上举目远眺，大桥两边的美景尽收眼底，只见清清的河水缓缓地流向沱江河母亲的怀抱，河面上上百只白鹭悠闲地飞来飞去，偶尔有三五只还要伏身探入水中捕鱼，河两岸是鳞次栉比的高楼大厦，构成资阳另一道亮丽的风景。

　　九曲大桥像枢纽一样连接着资阳与外界，每天，这里都是川流不息的车辆。正是靠着这纽带，资阳的经济有了更快的发展，资阳人的生活有了更大的改善。我爱你，九曲大桥。看到你，我们就看到了我们城市的巨大的变化！

银 杏 树

蒋雨桐

学校的操场边有四棵银杏树，活像是川剧变脸高手，一年四季变化无穷。瞧，变化开始了——

最先光临的是春姑娘：她把长长的水袖一抛，嘿！银杏树的枝条上便出现一个个嫩绿的"小嘴巴"，朝着春天唱起了动听的歌谣。

春姑娘飘走了，夏哥哥闪亮登场啦！他一亮相，舞台便光芒万丈，"小嘴巴"也随着这光芒变成了一把把碧绿的"小扇子"，随着风婆婆的移动而舞蹈，夏哥哥笑了，知了大声喊"凉快，凉快"。正在树下做游戏的小朋友停止活动，张开双臂仰着头、闭起眼，享受着这一美妙感觉，真舒服呀！

秋姐姐魔术棒一挥，夏哥哥又不见了。一把把"绿扇子"变成了绿中带黄的"蝴蝶"，"蝴蝶"在树枝上跳呀跳呀，还生下了青绿色的"小蛋蛋"，当"小蛋蛋"长得又白又胖时，"蝴蝶"穿上了金色的裙子，慢慢地从树妈妈的手臂上飘下来，真美呀！小朋友看见了，把它们做成书签、贺卡、动物画……千姿百态，各式各样。小朋友还把它夹在书中、挂在墙上、送给老师朋友。秋姐姐看见了，心头比吃了蜜还甜呢！

白胡子、白眉毛的冬爷爷看见了，笑哈哈地走进校园，他打了

一个"喷嚏"，最后一只"金蝴蝶"也飞进了大地的怀抱。没有叶子的银杏树虽然没有过去的多姿多彩，却显得更加坚强，在凛冽的寒风中，像一位位哨兵守卫着校园的安宁。小朋友们看到银杏树挺直的身躯，也不由自主地把自己的脊背挺得笔直。

我爱你，校园的银杏！

美丽的徐霞客大道

叶　焕

天然氧吧宁海有很多著名风景区：浙东大峡谷、野鹤湫、伍山石窟……但是，我最喜欢的还是徐霞客大道。

徐霞客大道在县城南面，它边上就是有名的滨溪，溪对面的飞凤阁高高地矗立在飞凤山上，人们都爱去那儿。滨溪的水碧绿碧绿的，好像无数颗绿色的宝石在水底发光，又好像一面明亮的镜子倒映着我们快乐的生活。小朋友尽情地在那里玩耍；大人们静静地在那里钓鱼；一群少男少女在那里游泳，一会儿游到这儿，一会儿游到那儿，犹如无数条活泼的小鱼。

再向前走去，便会看见数米高的我国著名旅游家徐霞客的塑像。他站立在徐霞客大道中间，深情地望着远方，似乎在想着什么。我猜测，他肯定在回想着他走过的山山水水，锦绣河山。背着箩筐的徐霞客和跟在后面的书童，形成了一道漂亮的风景线。

在路上，我又发现了一个好玩的东西——鹅卵石。在光滑平整的花岗石道路中间，用它铺成了一群栩栩如生的动物：有可爱的小兔子、聪明的狗，还有机灵的小猴子……在两边花花草草的衬托下，只只讨人喜欢。这真是既有趣又好玩的去处啊！

徐霞客大道，你是我们宁海一条独特的风景线，为我们宁海争光了！我爱你，美丽的徐霞客大道！

粉 娃 娃

钱之润

有一句歌词叫"谁不说俺家乡好"，我一听到这样的歌，我就想到我的家乡。

在我的家乡，好看的地方、好玩的地方有很多。然而有一个我最喜欢，那就是家乡的公园。我家乡的公园，跟别的地方就是不一样。我之所以喜欢那儿，并不是因为那里有一些游乐设施，而是那里有美丽的"粉娃娃"。

粉娃娃，一听这名字，你就有点儿疑惑吧？别急，随我进公园吧！

走在中山公园的石桥上鸟瞰，一池粉娃娃穿着绿裙在水面跳舞，你们一定知道粉娃娃是什么了吧，就是荷花池里美丽的荷花。

春天，那荷叶绿得像翡翠，大得像托盘，有的荷叶还没有展开，探出了小小的脑袋，蜻蜓飞来，躺在叶尖上，晒着太阳浴，别提多舒服了！有句诗说得好："小荷才露尖尖角，早有蜻蜓立上头。"简直就是为现在的美景量身定做的。

　　夏姑娘来了，她迈着轻盈的脚步悄悄地来到了人间，她飞过了荷花池，让粉娃娃绽开了笑脸，那粉扑扑的颜色加上碧绿的荷叶和镜子般的湖水，使人心旷神怡。

　　秋天默默地来了，她装了满身金子，洒在了荷花池上，给翡翠和粉娃娃穿上了金装。

　　粉娃娃要睡觉了，冬叔叔穿着白西装，他看到这一美景，怕把粉娃娃冻坏了，就送给他们一张雪白雪白的大毯子。

　　荷花池，粉娃娃，我爱你们！

四　季　雨

范腾方

　　听，雨来了。"沙沙沙，沙沙沙，哗啦啦，哗啦啦……"雨啊，你来了，这是四季雨来了。

　　春天的雨声是"沙沙沙"的。春雨贵如油。它来到山川，绿了山川，为山川做了一个绿色的屏障。春姑娘随雨来到森林里，唤醒了香甜入睡的小动物们。春姑娘随雨来到农民伯伯的庄稼地里，它流泪了，因为它看到庄稼还没有发芽，于是泪水变成了一场春雨。呵呵，庄稼终于发芽了。庄稼们感谢了春姑娘。

　　夏天了，春姑娘下班了，夏娃娃来了，它也带来温暖的夏雨。看，它在空中架起了彩虹桥，让天空更美丽，也许夏娃娃是为了看那在尽情地歌唱。青蛙一天到晚抓害虫，它知道，有了雨水的滋润，一切的生命正在茁壮成长，它要为了茂盛的树木不被害虫攻击而劳作。

秋天，夏娃娃做完了他的事，秋爸爸起来了，他让我们尝到丰收的滋味。他来到果园里，带来缠绵的秋雨，一阵秋雨之后，凉透了空气，成熟的是果实，果树上的果子变得又大又圆。他来到山坡上，为枫叶和菊花染上了颜色。

冬天雪花纷飞，是冬爷爷吹的冷气。梅花在冷风中傲立，小朋友们也在雪花中玩耍。

四季景不同，趣味更无穷！我爱四季！

猪八戒的故事

张　瑾

话说猪八戒取经回来后，被如来佛祖封为"净坛使者"，他整天无所事事，留下了不少故事，经后人传诵形成了许多无人不知、无人不晓的歇后语。

猪八戒吃人参果——不知其味

一天，猪八戒正躺在床上，津津有味地吃着水果，突然，他心血来潮，回忆起取经路上偷吃人参果的事情，不禁垂涎三尺，便腾云驾雾去了五庄观。

　　猪八戒一进门，镇元大仙就迎了出来："猪老弟，哦，不对，应该是净坛使者，您大驾光临，寒舍蓬荜生辉，不知您前来所谓何事呢？""镇元兄不必客气，我来只不过是和您来叙叙旧，不知您是否有空？""当然有空，清风、明月，快去摘几个人参果来招待大仙，净坛使者里边请。"镇元大仙一边说一边请猪八戒进屋。"好，"猪八戒喜笑颜开，"那就谢镇元兄了！"

　　猪八戒和镇元大仙聊得正欢，清风和明月把人参果端了上来，猪八戒欣喜万分，三下五除二地就把人参果一扫而光了，可他回味了一下，人参果怎么一点儿味道也没有呢？原来是他吃得太快了，没有细细品尝人参果的滋味，于是，这成了一句话：猪八戒吃人参果——不知其味。

猪八戒照镜子——里外不是人

　　猪八戒整天懒懒散散，吃饱了睡，睡饱了吃，再加上他不运动，身材越来越难看。一开始，他不以为意，山珍海味连续不断，终于有一天，猪八戒无意间照到镜子，只见镜子里的那个人肥头大耳、膀大腰圆、膘肥体壮，怎么看怎么不是人，怎么看怎么像头猪。猪八戒自己也看得愣住了。人们知道了这事后，便笑他是猪八戒照镜子——里外不是人。

猪八戒啃猪蹄——自残骨肉

　　自从猪八戒照过镜子后，他便决心要减肥，成为一个美男子。就这样，他天天不吃肉等荤菜，只吃素菜，过了一个月，猪八戒再也熬不住了。正好这时，他看见桌上摆着一盘热气腾腾的猪蹄，他心中大喜，不管三七二十一，抓起一只猪蹄便啃了起来，盘中的几只猪蹄静静地"趴"着，好像在跪地求饶："猪大哥，本是同根生，相煎何太急，您就放过我们吧！"可猪八戒不以为意，继续吃着。"猪八戒啃猪蹄——自残骨肉"也是因此事而得来。

铅笔盒里的伙伴

滕茹梦

夜，已经静悄悄的了，月光透过窗子照进来，屋里的一切好像披上了银纱，显得格外清幽。一阵阵"叽叽喳喳"的吵闹声，把我惊醒了。我凝神细听，哦，原来是高贵的圆珠笔和美丽的自动铅笔在吵架。

圆珠笔先生笑着说："美丽的铅笔小姐，住在下层整日不见阳光的冷宫可好啊？一定很寂寞吧！"

"我不错呀！我在里面可开心呢！房子很宽敞，又没人打扰我，多谢您的关心。"

"你瞧！现在我多好啊！小主人自上了三年级后，对我是宠爱有加，每天不光抚摸我，有时不会做题时，还吻吻我，然后就能做出来了，哪像你整天在下层的冷宫里，小主人早把你忘干净了！"圆珠笔得意扬扬地说。

"可是，在美术课上，我是最受欢迎的。那时小主人早把你抛到九霄云外去了，而是用那温柔的小手抚摸我。"铅笔理直气壮地说。

“唉！你也太软弱了，你瞧！我身边的士卫——橡皮，它翻个身就能把你消灭得无影无踪。”圆珠笔轻蔑地说。

　　铅笔反驳道：“是啊！我是软弱，但是在小主人写错字的时候，最讨厌的是你呀！”

　　“我……”

　　“别吵了！”钢笔博士语重心长地说，“你们两个人只看到自己的长处，而看不到自己的短处。不是有句话说‘贬低别人就是贬低自己’吗？其实，在我们这些文具中，小主人谁都离不开啊！我们应该团结起来为小主人服务才对呀！”听了钢笔博士的话，圆珠笔和铅笔羞愧地低下了头，陷入了深思……

　　铅笔盒也恢复了往日的寂静。

有趣的彩虹

魏晋鸽

　　有人说，彩虹是天山的桥，是用七种颜色做成的仙桥。可惜，我是这等没有福气，没见过彩虹。可虽然我没见过真正的彩虹，有趣的是，今天，我自己造了一道彩虹。

　　上午，爸爸、我还有妹妹一起去买鱼缸和小鱼，我和妹妹挑了五条可爱的小鱼，还挑了一个长方形的鱼缸。回到家里，我把小鱼放到装满水的鱼缸里。这时，爸爸拿来一个小桶，从鱼缸里舀出了一些水，又倒进去。我问爸爸，这是干什么，爸爸说是给鱼加氧。我听

上帝的第一份礼物

了，也想试一试。于是，我拿起小桶舀了一些水，又倒进去。我这样重复了好几次，越来越熟，越来越快。忽然，我看见水里有一道五颜六色的东西，再仔细一看，原来是一道美丽的彩虹。不一会儿，彩虹就消失了。我使劲舀水、倒水，彩虹又一次次地展现在我的眼前……这时，爸爸问我："知道为什么会产生彩虹吗？"我摇了摇头，觉得这可真是个复杂的问题。爸爸解释道："这是因为玻璃鱼缸像个三棱镜，太阳光穿过它时，经过折射作用，被分解成不同的颜色，所以看上去像一道彩虹，等你上初中学了折射原理，就会明白了。"

原来是这样，看来雨后天上出现的彩虹也是由于太阳光的折射作用。今天我真高兴，不仅因为我造了美丽的彩虹，而且我还知道了一种科学现象——折射。

124

我喜欢的纸月

——读《纸月》有感

吴青宇

她柔和，她恬静，她文弱，她纯洁，她可爱，形容她的词数不胜数。她就是纸月。

她用自己温柔的目光来抚摸桑桑，来鼓励桑桑变得听话，更爱干净。比如说桑桑把时间花光了，来不及抠算术题了，打算将邻桌的作业本抓来一通抄时，纸月看见了，就会把眼珠转向桑桑。这时，假如桑桑看到了这双眼睛，就会听到："桑桑，这样的事也是做得的吗？"纸月那水灵灵的大眼睛，温柔但有力量，时刻关心着桑桑，教育着桑桑。桑桑小小的心灵中就装满了纸月，她的温柔和聪明，让人不得不喜爱。她为了不让板仓小学的学生受难，就任他们随便欺负自己。桑桑帮她捉来坏蛋让纸月处置，可她宽容地放了他们，让他们回家。

在我们班里也有一个纸月，她就是沈春燕，她也文静、天真、纯洁。虽然沈春燕不及真正的纸月漂亮、可爱，但她具有纸月一样宽容的胸怀。那次，我不小心撕掉了她的练习册，那时，我木了，等着她对我报复——把我的练习册也撕了，因为我没有理由去阻挡她，可她却并没有这样做，反过来安慰我："别急，一粘就行！"说完，对我笑了笑，从此以后，她的一丝微笑永远挂在我的心上，在这微笑里我感受到了"退一步海阔天空，让三分风平浪静"的境界。

我喜欢纸月，我会和桑桑一样，为了纸月而改变一切，学会宽容。

125

变化的小河

孙成宇

我家前面不远的地方，有一条清澈的小河，那可是个风景迷人的地方。我老早的时候，就听见许多叔叔阿姨和一大帮哥哥姐姐，站在河堤旁，放声高歌："一条大河波浪宽，风吹稻花香两岸，我家就在岸上住……"这里真美啊！阵阵的清风，送来荷花的清香，淙淙的流水，清澈见底。

可是，有一天，我来到小河边玩，这记忆中的画面没有了。我看见小河边被人扔了一些废电池、方便袋、废纸等垃圾，狂风过河，垃圾漫天飞舞，一阵阵恶臭扑鼻而来。当年清澈的小河被污染了，流水变得黑黑的，污浊不堪。有几条小鱼把头露出水面，艰难地在水中挣扎，仿佛在向人类求救。此刻的小河像一个垂暮的病人在哭泣着。

怎么办？习主席不是号召我们要保护绿水青山吗？我们是少先队员，应该带头保护环境，做美丽家乡的建设者。

于是，我约了几个同学，成立了一个保护环境小组，并做了几个牌子，在上面写上"保护环境，爱护小河"八个字。我们来到河边，从小河的上游一直到我们住的附近，把牌子分散插上。

这只是第一步，接下来，我们便开始捡垃圾，以后每逢周末我们就来捡垃圾。在我们行动的影响下，捡垃圾的队伍越来越壮大，而扔垃圾的人越来越少。

从此以后，小河逐渐又变得清澈美丽了，恢复了昔日的生机。我真想对小河说：你变了，你恢复了过去的美丽呢！

心灵，需要补钙

——观漫画《假文盲》

袁　博

我们都知道雷锋乐于助人，不顾自己、只为他人。当今社会中，有一些像雷锋一样的人，但是也有一些自私自利、败坏社会风气的人。有一幅漫画就反映了这种现象，讽刺了那些为了自己的利益不顾他人的人，这就是著名漫画家华君武的《假文盲》。

在这漫画上有一块写着"母子上车处"的牌子，四个高大强壮、面无表情的男人冷冷地站在"母子上车处"，一位身材矮小的母亲抱着孩子站在他们的旁边，眼睁睁地望着四个男人，眼中充满了恐惧。

看完这幅漫画后，我对这位弱小的母亲充满了同情，对四位男人充满了憎恨，四位男人霸占着"母子上车处"，还显出毫不在乎的样子，无视站在旁边的母子，是多么的可耻，道德沦丧。难道他们是文盲？肯定不是，从他们的衣着就可以看出他们是有文化水平的人，他们宁可装出文盲的样子，也不愿把位置让给母子。

我虽然同情漫画中的母子，但是我却替那位母亲感到悲哀。虽然她矮小，斗不过四个男人，但是她应该勇敢地站出来，去批评四个男人，据理力争。我知道这对她来说是一件很难做到的事情，可是她应该鼓足勇气去试一试呀！林清玄先生有一段话："生命中美好的事物，往往如同深山中的野兰花，总开放在百步蛇环视的山谷。但是，从来没有采兰人因为百步蛇，就失去了采兰的坚持和勇气。勇气与坚持都不会随波逐流的，勇气与坚持都需要在最纷乱的时刻，保持静心。"

是的，勇敢面对，坚持到底，定能闻到兰花的香气。图中的母子就如同采兰人，四个男人就像百步蛇，而那"母子上车处"则如清香的兰花，正义定会战胜邪恶，只有勇敢地面对，才会闻到兰花的香气。

在我们的生活中有许多类似"假文盲"的事情，如明明草地上竖立着"请勿践踏草地"，而有些人偏偏从上面走；"公共场合请勿大声喧哗"的标语，有些人更是无视它的存在。在现实生活中这样的事还有很多，无视这些规定的人都是一些"假文盲"。

其实，漫画中的母亲与四个男人的心灵都需要补钙。只有你正确地看待，勇敢认真地对待生活中的每件事情，你的心灵才会充实、美好。

雷　雨

刘毅仁

整个上午，我都觉得心里憋得慌，我总觉得空气重了起来，似乎每一次的呼吸都不是那么顺畅。爷爷的手一直按着自己的腰，"痛痛"地喊个不停，我问爷爷怎么了，他说："老毛病了，这天要变了，我这腰啊，就是天气预报呢！"

中午，我是汗流浃背地吃完午饭。很快，天黑了下来，霎时间，满天乌云笼罩在城南上空，大有"黑云压城城欲摧"之势。

"山雨欲来风满楼"，突然，我家和邻居家的玻璃窗啪啪地响起来，狂风冲进了屋里，我好不容易才关紧窗户。透过玻璃窗，只见天地间飞沙走石，一片昏暗。阳台上，花盆被吹得摇摇欲坠。我眯缝着眼睛，胆战心惊地转移花盆。一会儿，街道上的标语纸、广告牌，周围的树木等等，被风吹得发出"哗哗""啪啪""咔嚓"等不和谐的声响，还夹杂着一些尖叫声。

片刻，一道道闪电好像一条条身披银光的蛇，瞬间显现，刹那间又消失，雷鸣一声紧接着一声，震耳欲聋。震得大地仿佛都要颤抖起来，窗户也发出沙沙的响声，我吓得屏声息气。好一会儿，我才喘了口气，侧耳一听，风小了，雨小了，雷声闪电也逐渐消失了。

夏天的雨来得急可去得也快，约一顿饭工夫，风停了，雨止了，太阳公公又拼命地挤开云层，钻出脑袋来。我打开窗户，空气像过滤了似的，格外清新，窗外的花草树木经过雨的洗礼，昂首挺胸，显得格外有精神。

啊！好一阵雷雨啊！

美，就在手中

张　理

"哇，你竟然看见了夜明珠，我怎么没看见！"小悦好奇地瞪着我。

这节课，不，这个下午，科学老师为了让我们更了解岩石，带我们到了东方地质博物馆参观。

看完了展柜内一块又一块奇异的岩石，我们来到了售货柜前。

咦，这石头这么便宜，才五元。买！于是，我让收银员帮我拿出货柜内这块半拳大小、名叫石榴石的石头。

付款后，细细端详眼前这石榴石，颜色并不像石榴般绚丽，除了红色，只剩下灰黑。用手摸，好粗糙。

"这石榴石也太丑了吧！"我感慨，甚至后悔自己浪费了五元钱。

脑中闪出了十分钟前的画面。

一个直径至少一米五的球体，搁放在一间数米见方的展室内，青翠欲滴。莫非是翡翠球？大伙儿纷纷猜测。

不知哪个调皮的同学关了灯。"哇！夜明珠！"室内的人惊呆了。这球会发光！幽幽又不失高贵的绿光填满了整个房间，梦幻一样照亮了所有人的脸……

思绪从神奇的夜明珠拽回，重瞅手中这石头，越发觉得它丑。

这时，小悦走了过来，听说夜明珠，好奇地缠着我问。

"你知道吗？那夜明珠有那么大！"我兴奋地比画着夜明珠的大小。哪知，"咚"的一声，掌中那颗丑陋无光的石榴石掉到了大理石地砖上。瞬间，摔成了大大小小无数块，水花溅落般碎落在地……

哇，好诱人的石榴石啊！俨然成了熟透的石榴，闪烁着无比诱人的光芒，那么晶莹，那么艳丽，那么璀璨夺目。"好美啊！"众人惊呼。

我万分遗憾，小心翼翼地捡起那一颗颗"珠玉"，感慨不已。这一粒粒如鲜血般绚烂的石榴石啊，美得这样让人惊喜，让我心痛……

后来上网查知，红榴石是石榴石的一种，血红色是铁和铬引起的。少有内含物，若有，则为圆形，或不规则轮廓晶体。没有纹理，断口呈贝壳状以致参差不平、粗糙。

原来，石榴石天生丽质！丑陋，只是尘埃遮蔽表象而已。可惜我没有懂，没有认真呵护。

美，原来就在自己手中啊！

那扇黑铁门

王少凡

人生中有无数道门，有宏伟壮丽的大门，有精巧玲珑的小门，有绚丽缤纷的彩门，而我心中却有一扇朴实无华的黑铁门。

几年前，我刚刚搬入新小区，对周围的邻居、小伙伴都很友好。可是，这种和谐的气氛没过多久，就被一个姓刘的门卫给打破了。

第一次见到他，就仿佛见到了"凶神"：蓬乱的头发像个鸟窝，极浓的眉毛像两把大刀，外凸的眼球上布满红色的血丝，大嘴巴里一口黄得发黑的牙齿，还有那钢针般的胡子楂，很是吓人，十足一个恶煞。这还不算什么，一句正常的话从他嘴里出来就是一声炸雷，小朋友们都十分害怕他，背后称他"黑铁门"，就像小区的那扇大门一样。

一天晚上，我在同学家玩到深夜，回到小区时，小区的黑铁门已经关了，门卫室的灯也灭了。如果回不了家，在那寒冷的腊月，我就要被冻成冰棍了。可如果要回家，就得找"黑铁门"，再想想"黑铁门"那狰狞的面目，我不禁打了个寒战。

我禁不住冬夜的寒冷，鼓起勇气摇了摇小区大门。门卫室的灯亮了，"黑铁门"披着大衣从门卫室走了出来。他没有言语，从怀中掏出钥匙串，将其他钥匙抖开，手握住冰冷的锁，把大门钥匙缓缓插进去，轻轻一拧，锁开了。他推开黑铁门，用眼睛示意我进去。我呆了一下，忙跑了进去。

"谢谢刘大爷。"从我嘴里不由自主地蹦出这几个字，我愣了一下，他也呆了一下，眼神与我交汇到一起，里面满是惊讶。我看得出他很高兴。

当我转身离去的时候，只听见了黑铁门的吱吱声。从那以后，我与"黑铁门"之间的隔膜慢慢消失了，对他的关注自然也多了一些。我发现小区哪里有需要，哪里就有"黑铁门"的身影，我对他的敬意也日益增多。

如今，刘大爷去世了，他用半生去守候的那扇黑铁门也拆掉了。但我心中的那扇黑铁门却没有消失，听，黑铁门又吱吱地打开了……

母　爱

张　闯

明亮的灯光下，我翻动书页，目光停留在《跪拜着的藏羚羊》上，细细品味着母爱。

那天，一位经验丰富、身手老练的猎人，正在外面四处寻找着猎物，一把猎枪背在他的身后。猎人在密林中小心翼翼地走着，眼睛敏锐地观察着。

傍晚时分，猎人一直没有收获，心情糟到了极点。但就在他走回到帐篷旁时，猎人发现了目标，凭着经验，他稳定着自己的心情，拿出猎枪，瞄准了一只肥大的藏羚羊。藏羚羊似乎发现了自己身处险境，眼光闪过一丝担忧，也许是错觉吧，老猎人想。藏羚羊缓缓挪动着自己的身体，猎人见此情景兴奋不已。突然，它跪在了猎人面前，这一举动，让猎人十分惊讶。它前蹄慢慢合并，似乎在哀求着，两滴泪水从眼中溢了出来。猎人愣了愣，还是扣动了扳机。"砰！"藏羚羊应声倒地。猎人拿出刀走过去。不一会儿，他愣住了——这是一只怀孕的藏羚羊。猎人将藏羚羊母子安葬了。"祝你们幸福！"留下了这句话，他就再也没有出现在这片土地上。

合上书，我感慨万分，眼圈微微湿润。多么伟大的母爱啊！为了自己的孩子，这只藏羚羊没有选择逃生，而是抱着一线希望向一位猎人跪下了。我沉浸在静谧之中，静静品味。

闭上眼，慢慢回忆着。

儿时，总是和母亲一同走在雨中，雨伞下两人谈笑风生。那时母亲十分美丽，笑起来总是那样和蔼可亲。雨越下越大，母亲的半边头发和肩早已被雨水淋湿了。母亲依旧微笑着，抬头望了望，我置身于一片蓝色之下。

133

"妈，这雨伞斜了。"我小声地说道。

"孩子，这雨伞没有斜。"母亲抚摸着我的头发，笑了笑。那是伴我成长的微笑。

"妈，雨伞真的斜了。"我有些大声，也许出于儿童好胜的天性，总要让母亲服我，相信这伞斜了。

母亲看了看伞，用大手握着我的小手，一种从未有过的安宁之感弥散在心中的每一角落。"孩子，真的没斜，真的……"

雨伞下，溢满了母子的欢笑。

经过无数个的雨天，我长大了，明白了当初母亲的用意，个子也比母亲高出一点儿，而母亲的微笑则一直刻在我内心深处。

如今与母亲漫步雨中，置身雨伞下。伞柄在我手中，我总是微笑地看着母亲。时间一久，我半边肩早已被雨水淋湿，母亲则未沾到一点儿雨。这一切都被敏锐的母亲觉察到了。

"孩子，这雨伞斜了。"母亲笑着说。

"妈，雨伞没有斜。"

"孩子，雨伞真斜了。"

"妈，雨伞真的没有斜，雨伞就应该这样打的。"两人相视一笑，沉默不语了。

只有雨在沙沙地下着，仿佛多年以前。

不能全怪我爸爸

路　虎

星期五大休回家的时候，很意外的，我的爸爸没有到校接我。打电话，也没人接。我只好一个人坐公交车回了家。

一进家门，我就感觉气氛不正常。见了我，妈妈和奶奶直流泪，爷爷的眼圈也红红的。我说："爸爸呢？"

"你爸爸……"妈妈刚一张嘴就说不下去了。

我只好问爷爷。爷爷说："你爸爸把他们家的猪毒死了。"爷爷用手指了指与我们仅一墙之隔的邻居，"今天来了两个警察……"

哦，我明白了。

与我家一墙之隔的这个邻居，靠着在市里开饭店的亲戚资助，养了十多头泔水猪。这样，一年到头我们家总是臭气熏天，尤其是夏天的时候，我们家的空气简直臭得让人呼吸困难。我爷爷本来就有肺病，自从邻居家养猪以来，比以前犯得更勤了，每年都要住好几回医院。

我爸爸就去跟他们交涉，说了好多好多的好话，并且还带着烟酒礼品，劝他们别养了，实在愿意养的话，也应该换个地方。起初，他们家答应，过段时间卖了眼前这一批猪，就不再在家里养了。

我们便盼着他们家的猪快快长，及早地卖掉。可是过了一段时间，他们家不但没有换个地方养猪，反而在卖掉大猪之后又买了二十多头小猪。爸爸很生气，便又去跟他们谈，问他们为什么不换个地方。这次，邻居很不讲道理："就你家事儿多，就你家的人娇贵，别家也能闻到这种味，人家怎么能忍着？"听了这话，爸爸气坏了，说话声音也变高了。三说两说，对方竟动手打了我父亲，他们家人多，我父亲被打得不能动了。到医院一检查，腿部骨折了。

就这样，爸爸呼吸着冲天的臭味，在病床上一连躺了三个多月。

屋漏偏逢连夜雨。我爸爸的腿刚能下地行走，我爷爷的肺病又犯了。我爸爸只好拖着病腿又到医院去伺候我的爷爷。

有一天，爸爸去了环保局，述说了我们家的情况，请求他们制止邻居的行为。当天，环保局派了两个工作人员，到我们家看了看，又到邻居家看了看他们家的猪圈。对邻居进行了说服教育，并责令他们在一个月以内，把所有的猪都处理掉。

于是，我们又开始盼啊，盼啊，可是，一个月过去了，两个月过去了，他们家的猪一头也没少，我们家的臭味却越来越让人难以忍受。

爸爸只好又去找环保局。这一次，工作人员面露难色，说这事他们管不了。我爸爸很纳闷儿，反复地询问他们——上次不是说让他们一个月之内把所有的猪处理掉吗？可是不管爸爸怎么问，他们就是不说原因。后来，我爸爸经过多方打听，从一个朋友那里了解到，养猪的邻居和环保局局长是远房的亲戚……

实在是没有办法了，父亲又咽不下这口气。于是，他便想了一个下下策：到集市上买了三包老鼠药……

我想，我的爸爸是有错，可是这件事能全怪我的爸爸吗？

学做炒鸡蛋

林沛衔

今天学校开设了厨艺课，布置的作业是，每个人要学会烧一道拿手菜。我一听就在心里嘀咕起来：什么拿手菜啊？我只会吃菜呢！怎么办，还是回家和妈妈说说吧！

妈妈一听这话，就告诉我："凡事都是学的，没有谁是天生会做饭做菜的。只要你愿意，我们从现在起，就开始学吧！"

"行！"我大声地答应下来。

妈妈准备做炒鸡蛋这道菜。我鼓足勇气地说："让我试试吧！"妈妈欣然地同意了。

首先，我从冰箱拿出三个生鸡蛋，又从消毒箱拿出一个碗，把鸡蛋在碗边轻轻一磕，蛋白和蛋黄迫不及待地脱离蛋壳，来到碗里面。我在蛋里面加了一小勺盐，又拿了一双筷子，在碗里来回搅拌。由于用力太猛，蛋液溅到了我的衣服，这时，妈妈走过来说："搅拌的时候，用力要均匀。"我按照妈妈的话去做，果然蛋液不再溅到我的衣服。然后，我往锅里倒上一些花生油，又放了两块生姜。

接着，我把蛋液倒进锅里，锅里马上响起了"噼里啪啦"的声响，我被吓得跑到离锅台五米远的地方。妈妈走过来说："不要害怕。"我小心翼翼地走到锅前，用锅铲翻了一遍，继续炒了一会儿，蛋熟了。妈妈夹了一口吃了起来："味道好极了！"

　　我的心也是美滋滋的，因为这是我第一次做的炒鸡蛋啊！更重要的是，我明白了妈妈的话：凡事都是学的，没有谁是天生会做饭做菜的。

美丽的小花园

崔浩然

　　有人说，生活在花园的人一定是幸福的人，也是美丽的人。恭喜你，你说对了。因为我就是一个幸福的人，自然也是一个美丽的人。为什么？不是我在自卖自夸，因为在我们家的后面，有一个小花园，那是一个四季美丽的地方。

　　春天到了，我家的小花园第一个来告诉人们。瞧，那墙根边的小草冲破重重的包围，探出了小脑袋；草地上一朵朵小花也被燕子的歌声叫醒了，伸开自己艳丽的花瓣；树妈妈也赶紧叫起自己的宝宝，一片片嫩黄的叶芽争着冒了出来。不几天，小花园就变得多姿多彩了：万紫千红总是春啊！

　　夏天来了，小花园更有一番韵味。各种各样的花争奇斗艳，大的没退场，小的探出头，红的像火，粉的像霞，白的像雪，黄的耀眼，紫的迷人。它们纷纷地在展示自己美丽的身姿，树叶们也在树妈妈的滋养下渐渐长大，学会把凉爽无私奉献给人类。

转眼金色的秋天到了，小草戴上自己的黄帽子睡着了，花朵也合上了眼，酝酿着来年再展风采。树叶们离开了枝条，回到树妈妈温暖的脚下。

寒冷的冬天来了。雪花给院子盖上了一层雪被子。花园里大部分植物都沉沉地睡去了，只有松树还挺着绿绿的身子守护着它的好朋友们。

一年四季，小花园总能呈现它独有的美，我爱这美丽的小花园。

月牙湾看石

杜雨欣

暑假里，我和爸爸去长岛游玩。

长岛位于蓬莱仙城，那里有许多著名的景点：九丈崖、鸥翅湾、月牙湾……

首先我们来到九丈崖，顺着阶梯下去，我一眼看到石壁上刻着三个大字"九叠石"。我疑惑地问爸爸："它有十二块石头重叠，为什么叫九叠石呢？"爸爸告诉我，古时候"九"表示很多的意思，所以才起这么个名字。

九丈崖的旁边是鸥翅湾，这个名字是怎么来的呢？站在高台上，我仔细地观察，终于发现了秘密，原来它的形状像一只展翅飞翔的海鸥。听导游讲，古时候这里发生海啸，眼看就要吞没村庄田地时，一只巨大的海鸥展翅阻挡了海水，人们为了纪念这只海鸥，把这里叫作鸥翅湾。

接着我们去了我梦寐以求的地方——月牙湾。到了那里，我迫不及待地冲到石子滩上捡鹅卵石。这里的石头十分美丽：红的、白的、绿的，大大小小，五彩缤纷，好美啊！有一块石头，圆圆的，好像天上的月亮，上面的图案简直就是天空中的晚霞，它与地上雪白的蒲公英相互辉映成了一幅迷人的"地上画"。还有一块石头，椭圆形的，半灰半黄色，颜色特别艳丽，真漂亮。此外还有许多形态各异的石头，有的像老鼠的身子，紫色的上面有一些淡淡的白色花纹；有的像玉米粒，黄色的，与真的玉米粒一般大小……我和爸爸一边捡石头，一边给它们起名字，一些有意思的名字把我的肚皮都快笑破了。

大自然真是太神奇了，连石头都是这样千奇百怪！

小河边的欢笑

　　一群鱼儿悠闲地游过来，我急忙掏出提前准备好的塑料袋，张开袋口猛然向小鱼兜去。可小鱼太机灵，动作特灵活，尾巴一摆掉转方向，快速四散逃去。我急了，把小伙伴们招呼过来，齐心协力搬来两块大石头，把塑料袋固定好，专门等鱼自投罗网。

小河边的欢笑

吴梦浩

今年暑假里，雨水特多，我们这些活泼好动的小孩子，在家里快给憋闷死了。

快开学了，有一天老天露出了难得的笑脸，妈妈说要带我去小河边洗衣服。啊，简直太棒了！匆匆吃过早饭，我跟在妈妈后面蹦蹦跳跳地来到了小河边。

河边好热闹啊！不仅有早到的像妈妈一样来洗衣服的阿姨，还有许多在水里嬉戏打闹的孩子。

我和妈妈找到一个地方，开始洗衣服。我看到，阿姨们拿着大棒槌在厚重的衣物上使劲捶呀捶，想要把所有的灰尘都捶出去，然后用力洗呀洗，仿佛要把整个世界洗个透亮！大家边洗边谈论着家常事，有的阿姨讲笑话引得人们哈哈大笑！

妈妈让我先去玩，于是，我沿着河边向小伙伴们走去。五颜六色的小花开满了河岸，散发出阵阵清香。我深深地吸了一口河边清新无比的气息，头脑顿觉清亮。河水缓缓地流淌着。脚踩在细沙上，软绵绵的，真舒服；河水清澈见底，柔柔地亲吻着我的脚丫。

一群鱼儿悠闲地游过来，我急忙掏出提前准备好的塑料袋，张开袋口猛然向小鱼兜去。可小鱼太机灵，动作特灵活，尾巴一摆掉转方

向，快速四散逃去。我急了，把小伙伴们招呼过来，齐心协力搬来两块大石头，把塑料袋固定好，专门等鱼自投罗网。有的小伙伴还捉来蚂蚱当鱼饵。这回，我变聪明了，鱼就显得傻多了。不一会儿，"傻鱼"们便纷纷中计落网。我想，束手就擒的滋味一定不好受，但我们可来不及替鱼难过，每捕获一袋鱼，大家都高兴得手舞足蹈，然后兴高采烈地将鱼倒进塑料桶里。"傻鱼"不断中计，小河边便不时发出一阵阵银铃般的欢笑声……

第一次摘酸枣

吴晓艳

刚刚起身的太阳啊，从东方的岭背后探出了头。它像牛车的轱辘那么大，像熔化的铁汁一样红。真是天公作美。今天我们要去干一件你听了准会流口水的事——摘酸枣。大概因为这是"第一次"的缘故吧，我心里总有一种说不出的兴奋。

约定的时间一到，我和伙伴便上路了，大家边走边玩。啊！大自然真是美极了！吸一口清晨的空气，是那么新鲜，里面还多少夹杂着一点儿野花香味和泥土气息。在前面不远处的地堰上，盛开着一片片黄色的野菊花，给梯田镶上了橙黄的花边。我们飞奔过去，每人采了一大把……

笑者，走着，一片酸枣林映入眼帘。只见红通通的小圆珠挂满枝头，这简直是一片玛瑙世界啊！我迫不及待地伸手就摘。"哎哟！"

我的手被酸枣刺毫不客气地扎了一下，钻心般地痛。我把手伸进嘴里哈着，再也不敢轻举妄动了。再看看小伙伴们，人家的动作是：左手小心翼翼地捏住枣树没刺的地方，右手则小心灵活地避开刺，轻轻地摘下一颗又一颗"小精灵"。看那麻利劲儿，他们不一会儿就能装满一兜。小兰一扭头，见我举着一只右手，站着不动，便猜到是我的手被扎了。她走过来，先给了我一颗红酸枣。我赶紧把它放进嘴里，轻轻一咬，一股酸溜溜、甜丝丝的味道直往肠胃里钻，顿时勾起了我肚子里的馋虫，直到小兰又让我吃了一颗才暂时解了馋。于是我急切地让小兰教给我摘酸枣的方法，不一会儿我就"出徒"了。后来伙伴们越摘越精，找来木棍向枣树一阵乱打，一个个"小精灵"便蹦跳着离开妈妈，乖乖地躺在了地上。打完了，我们大把大把地收进衣袋，直到所有的口袋都被撑得鼓鼓的才住了手。

告别酸枣林，走上了回家的路。尝一颗劳动的果实，酸中带甜，香脆可口，简直是世上珍品。

144

春天的校园

祝星宇

阳春三月，暖风扑面，我的学校到处都生机勃勃的。

"叽叽喳喳……"喔，原来是小鸟呼唤我出来赏春景啦！我们来到操场上，操场旁边种满了树，什么铁树、四季青、水杉……拿水杉来说吧。水杉又高又瘦，树干只有一个盘子那么大，站在远处，一棵棵仿佛是来迎接春姑娘的。那丝丝嫩叶在阳光下是那么的可爱，让人看了感觉非常舒服。草坪上，小草露出了尖芽，钻出土来看看这个奇妙而又美丽的世界。花园里的花儿们也毫不示弱，五彩缤纷的，有黄的、蓝的、红里泛白的、红紫里带白的，这是多么美妙的世界，使我眼花缭乱。勤劳的小蜜蜂们正提着篮子采蜜呢！花儿们争相开放，正为春姑娘的到来增添色彩。

校园里的春天既美妙又快乐。

你瞧！同学们在空旷场地上，玩着"老鹰捉小鸡"的游戏。"快，鸡妈妈，宝宝要被抓到了。我好害怕！""鸡妈妈"挺身而出拦截了老奸巨猾的"老鹰"。"老鹰"盯准了一个目标扑了上去，谁知，聪明机智的"宝宝们"一闪，只听见一声凄惨的哀号，"老鹰"扑空摔倒在地上。"宝宝们"拍手叫好，谁知"老鹰"趁着"小鸡"放松戒备，瞬间爬了起来，一下捕了不少，一数七八个呢！其余幸存的"小鸡宝宝们"惊惶失措，"老鹰"正好来个乘人之危，瞬间全部抓完了，大家你看我，我看你，不禁笑了。

多么美好的春天呀！欢声笑语回荡在春天的校园。

我帮妈妈买东西

钱景景

星期天，我写完作业，正准备下楼玩，妈妈对我说："蓝蓝，今天妈妈不舒服，你帮妈妈去买点儿东西，好吗？"我心想，买东西，那还不容易？于是二话没说便爽快地答应了。

　　妈妈怕我丢三落四，就把要买的东西都列在了一张纸上。我接过纸和钱就朝四海市场飞奔而去。

　　到了四海市场，一阵阵叫卖声传入耳中。我四处望望，便径直向菜摊走去。"白菜多少钱？"我手指着一捆菜。哎，平时胆大的我，这时不知怎么着，说话声音不但小，还发着颤音。"那是青菜，白菜一块三。"那卖菜的大叔笑了笑，一边说一边拿起一捆水淋淋的白菜。"喔，买一斤白菜。"我不好意思地说着，把手伸进口袋里拿钱。那人把白菜用电子秤称了称，一手递给我白菜，一手伸过来向我要钱。我付了钱，转身向豆制品摊位走去。

　　"豆腐五毛，可以吗？""豆腐就是五毛一块！"那阿姨一边说一边用铁铲铲起一块豆腐问，"要几块？"我略想了一下："一块吧。"阿姨十分熟练地将铲起的豆腐轻轻地放进袋子里。我给了她一元钱，她低头翻了翻钱箱，找回我一枚崭新的五角硬币。

　　我又匆匆向别的摊位走去……

　　我买完菜，取出妈妈写的纸条，一一对了起来。这时，一阵果香随风飘来，我一抬头，看见不远处有卖水果的。我心想，妈妈不是不舒服吗？买些水果给妈妈补充补充营养。我便向水果摊走去。

　　我右手提着菜，左手拿起一个苹果。只见苹果红中略带黄，皮滑滑的，没有一点儿磕碰的痕迹。"多少钱一斤？"一个叔叔见我是小孩儿，便爱理不理地坐在木椅上说："四块。"他一边说一边点一支烟叼在嘴上。我心里一愣，这么贵？我开始砍价："太贵了，便宜点儿行不？""不行，不行！割肉价，再低了不卖！""不卖？哪有不卖的道理，你卖还可以赚，不卖就没得赚了！"我甩甩手，假装要走。"好了好了，看你是个小孩子，就三块卖给你吧。"咦，这招果然灵。于是，我再一次进行了还价，最后以两块五一斤的价格买了下来。

　　哈哈！别看我是第一次上市场，那可是满载而归呢。

　　高兴之余，我也深深地体会到了买东西的不易——为了能够买到物美价廉的东西，就得货比三家，转来转去，是很累的。我这只是偶尔买一次东西，妈妈却是天天如此，妈妈是多么不容易呀，看来我平时一定要多帮妈妈做些家务。

春　雪

程钊汝

　　"大雪年年有，不在三九就在四九。"古老的谚语未必回回都是灵验的。这不，立春几天之后，天气骤然暖了起来，那门前的柳树在泛绿，那墙角的小草在吐芽，那吹面的风儿是那样的轻柔。于是，冬装脱了，快准备夏装吧！

　　谁知，夜晚几阵风声之后，便是潇潇的春雨。春雨过后，天气突然变冷，伴随着的是鹅毛般的大雪。

　　呵呵，冬天又来了啊！

　　你瞧，草上、树上、瓦上、山上都积满了厚厚的雪，成了粉妆玉砌的世界。真是令人难以相信，春天还有如此美丽的雪景！仿佛一夜之间，千树万树梨花开。

　　孩子们也起床了，大家又惊又喜，纷纷来到草场上，唱呀，跳呀，互相追逐着，欢笑着，好像久违的朋友在他乡相遇，相互拥抱，尽情地吐露着心声。

天放晴了，太阳拨开云雾，发出金灿灿的光来，大自然又是另一番的景象。雪慢慢地融化了，水珠从屋檐上滴下来，落在松软的土地上，滴滴答答的，多么像春天的脚步呀；微风吹过竹林，玉屑似的雪末簌簌地落下，在阳光中成了五光十色的彩虹；溪水潺潺地流，更加清澈见底，而较深的地方，则碧绿如蓝，好似一块无瑕的翡翠；水鸟在水边叫得更欢了，它们时而钻入水中，时而飞入草丛；放眼望去，田野里像是铺了一张巨大的棉被，庄稼们仿佛都在"春眠"呢！

春雪，你给我们带来了新的欢喜，新的希望，新的起点。

妈妈爱我，我爱妈妈

贺琦钦

世界上最伟大的爱莫过于母爱！世界上最让母亲感动的莫过于孩子回报的爱！我和妈妈的爱就像一个纽结，彼此缠绕，彼此关心，彼此呵护。

我感谢妈妈，因为是她十月怀胎将我带到了这个多姿多彩的世界；因为是她十年如一日，含辛茹苦地将我抚养大；更是因为她给了我比江海还要长还要深的母爱。

我清楚地记得，那年我大腿疼痛，走路一跛一跛的，在县人民医院和中医院多次检查，都不知是什么原因。妈妈急坏了，整宿整宿地哭，生怕我会因此而留下残疾。于是妈妈丢下繁忙的工作，把我送到重庆儿科医院找专家检查。经过检查，才知是因为感冒久了引起的大

腿滑膜发炎。专家开了一服药，叫我每天进行两三次热敷，坚持半个月就会好。回到家，妈妈不忘医嘱，天天烧开水泡药，对我的大腿进行热敷。半个月之后，我的大腿不再疼痛，走路也不再一跛一跛，妈妈那颗悬着的心才落了下来。

我还清楚地记得，有一次我因为不愿做作业而撒谎，妈妈知道了，她一巴掌扇到我的脸上，顿时我的脸火辣辣的，而妈妈则瘫坐在地上。晚上，当我听到了妈妈的啜泣声时，我明白了妈妈为什么打得那么狠：恨铁不成钢！妈妈对我的爱有关心，也有"狠"心，无论怎样，它始终都扣在一个字上，那就是"爱"！一种负责的母爱！

妈妈对我的爱，就像孟郊写的那句诗："谁言寸草心，报得三春晖。"妈妈的爱，我应该怎样报答呢？

我常常自己学着做饭洗碗，自己收拾自己的房间，自己洗澡洗衣服，试着帮妈妈分担一些家务活；一有好吃的东西，我总是先让妈妈品尝。尽管如此，每当看着妈妈拖着疲惫的身躯下班回家时，酸酸的感觉便涌上心头。不知为何，我时常觉得自己太懦弱、太不孝了！

在一年三百六十五天中，有三个日子我记得特别牢：母亲节、教师节和妈妈的生日。每到母亲节这天，我会用自己的零用钱为妈妈买上一束美丽芬芳的康乃馨；每到教师节这天，我会买上一束火红火红的玫瑰献给妈妈；每到妈妈的生日这天，我会送上一个生日蛋糕来表达我的祝福。当我看到妈妈那一脸的满足和欣慰时，我想，也许这也是一种报答吧！

妈妈爱我，她给我的是深深的母爱；我爱妈妈，我给她的是浓浓的子爱。我们的爱将会永远持续下去，我们的爱将会渗透到家庭中的每一个细节！

难忘那次烧烤

邓湛宝

今天是星期天，我和钰婷在肯德基吃着脆脆的鸡翅。看着她满嘴的碎屑，我不禁想起了春节那次烧烤……

我家和钰婷家几个人围着火炉坐下来，每个人的叉子上都叉着自己喜欢的东西。我也拿了两个鸡翅正小心地烤。旁边的弟弟太心急了，急切地盼着鸡翅快点儿熟，他就能大饱口福了。于是，他把鸡翅放在火红的木炭中烧。"哧——"油在火中不断地响着，烧得蓝色的火苗蹿得好高，乐得弟弟口都合不拢，可他拿出鸡翅来看时，却发现鸡翅烧焦了，黑得像一块木炭。弟弟顿时像泄了气的皮球一样，只能闷闷不乐地坐在那儿，等着瓜分大家的劳动成果。他嘟着的嘴能挂一个油瓶了，大家见了都哈哈大笑起来。

我吸取了他的教训，连忙把鸡翅移到离火高一点儿的地方，耐心地边烤边翻。鸡翅终于烤好了，黄黄的，散发出一阵阵诱人的香味，馋得我口水都流了出来，我迫不及待地往嘴里送。"哎哟！"烫到舌头了。吞又吞不下，吐又舍不得，真是狼狈极了。旁边的钰婷、弟弟、妹妹也好不了多少，有的烫到了嘴，有的烫到了手，还有的没烤熟就往嘴里送……真是一群小馋猫！

不知不觉，烧烤结束了。这时，钰婷望着我，突然捧腹大笑起来，原来我的脸黑黑的，成了个"大花猫"。这时，大家你望望我，我望望你，笑成了一团，因为个个都被抹了"黑胭脂"！

那真是一场别有趣味的烧烤啊！

美好的春天

宋芷汀

冬，已悄然而去，迎来的是四季中最美好的季节——春天。

春天是个欢快的季节。春天一来，无论小溪，还是江河，所有的脉管都欢腾起来。春天一来，无论草木、动物，还是人类，所有的细胞都活跃起来。

春天是个悠扬的季节，有冰河开启的咔吧声，有露珠落地的滴答声，有燕子的呢喃声，有小鸟的喳喳声，还有那"随风潜入夜，润物细无声"的喜雨声，这些声音合奏成一曲悠扬的春之歌。

春天是个多味的季节，有田里散发出的微腥的黄土味，有草木萌发的嫩草味，有先泄漏春光的柳絮味，还有"红杏枝头春意闹"的繁花味。在春天里，每一株草木都像一个美容师，浓妆艳抹，把自己打扮得漂漂亮亮，还把自身特有的香味传到很远很远，让我们每个人都能闻到春天的气息。

春天是个播种希望的季节。农民伯伯播下了对丰收的希望，小动物们播下了对生命的希望，贫困的孩子播下了对读书的希望，我们播下了奋起学习的希望。

啊！春天是个美好的季节，让我们也像在春天争芳斗艳的花儿一样，站在新的起跑线上，一起拼搏吧！

心 声

胡 蓉

你问我们是谁？说了你们就知道。我们是中华民族传统节日这个大家庭的兄弟姐妹。春节、元宵、清明、端午、七夕、中秋、重阳是我们的名字。在很久很久以前，你们的祖先出于春耕秋收的喜悦，出于对某些事件和人物的怀念，出自丰富的想象力，把我们创造了出来。从此，一碗腊八粥、一顿年夜饭、踏青、赏月、登高……成了你们生活的习俗，成了一件了不起的大事，并历经漫长的几千年岁月，一代又一代传承下来，一直流传、流传……

我们作为中华文明数千年智慧的结晶，作为中国文化的一个个情结，在悄然地滋润着民族的凝聚力和亲和性。然而走到二十一世纪的今天，我们却遭受了前所未有的严峻挑战。来听听我们的心声吧。

你会过年吗？

我是春节，是民族传统节日家庭中的带头大姐。头挂大红灯笼，身披喜庆的春联，鞭炮"毕毕剥剥"，热闹、隆重、喜庆、祥和是漫长历史岁月中逐渐形成的特点。

可是，你听见了吗？老人在感叹，孩子在疑惑："你与生俱来的那种年味怎么越来越淡呀？"

是啊，现在的我和你们祖辈、父辈时的我相比已经发生了很大的变化，一些传统的过年风俗习惯正在减少甚至消失，随着生活水平的提高，以前只有在属于我的日子里才能吃到的美食、穿上的新衣，现在平时都可满足，人们对我的情结开始慢慢消解。如今，在我来临的那段时间里，大团圆、守岁、拜年的风俗依旧，而随着拜年形式从贺年卡到电话再到短信的演变，这种年味，这份喜庆的感觉，真的越来越淡了！书本上写到的那种情景，仿佛是遥远的昨天，孩子们也不再长长久久地盼望着新年。我感觉自己正在被年轻一代逐渐遗忘，而仅仅变成了一个符号、一种形式。

再若干年过去，会不会有人这样问："你会过年吗？"啊，这不是一种悲哀吗？

我被别人抢注"申遗"了

我叫端午，不久前我身上发生了一件怪事：你们的邻居——韩国，要把我拿去报什么世界遗产了。

如果这事真的被他们搞成，就意味着我背井离乡，脱离生我养我的故土，开始浪迹他国了。你知道吗？我有一百个不乐意、一千个气愤呀！

众所皆知，我是咱们中国的传统节日。公元前278年的农历五月初五，楚国大夫屈原听说秦军攻破自己祖国的都城后，绝笔作《怀沙》，抱石投入汨罗江。沿江百姓纷纷引舟竞渡并将粽子投入江中，以免鱼虾蚕食他的身体。从此就有了我，有了赛龙舟和吃粽子等风俗。时代在变，可屈原心忧天下、忠贞不渝的爱国精神没有变，我原本的意义没有变。怎么说我都明明白白属于中国的文化遗产，他们怎好把我拿去申报他们国家的"世界遗产"呢？你说气人不气人！

"五月五，是端阳。门插艾，香满堂。吃粽子，蘸白糖。龙船比赛喜洋洋……"旧时童谣犹在耳边回响，我依然是我，你准备好了吗……

和西方情人节比，我输了

我便是七夕了。传说每年农历七月初七夜晚，牛郎织女在银河相会。因此，对着星空祈祷标志着对纯真爱情的永恒不渝。于是我逐渐演变为中国的情人节。

勤劳的牛郎，痴情的织女，善良的老黄牛，热心的喜鹊，美丽的神话故事自古以来曾使多少人深受感动。而如今，提起我却没有多少人记得。君不见这天大部分花店一副"平安无事"的模样，购买鲜花的顾客寥寥无几；走在街上遇见路人问一问，不晓得我是谁的人俯拾即是，又有多少人会重视我呢？在年轻人心中，2月14日的西方情人节才是唯一的，他们要么觉得我有些"老土"，要么干脆就把我忘掉了。

相比2月14日西方情人节来临时的热闹场面和气氛，我黯然神伤，因为我输了。难道外国的月亮真比中国的圆？

言为心声，你听到我们的话了吗？当自己人对我们日渐淡忘和漠视的时候，我们却以自身巨大的力量感动着世界：有些国家已经把我们定为法定节日，外国许多地方开始崇尚过"中国年"，韩国声称"牛郎织女是韩国人"……你为之骄傲自豪的同时，这是否也让你忧心忡忡？

好在，中国公布的第一批非物质文化遗产名录，其中我们家族的春节、清明、端午、七夕、中秋、重阳六位成员一起被列为"中国六大传统节日"。历史需要传承,文化有待弘扬,这需要大家的共同努力。我们多么需要你们的保护和发扬啊!给我们加入新时代的气息和内容,使我们富有新的内涵,让我们与时俱进,我们的明天一定更加美好!

小 金 鱼

尤子颖

如果你问我,我最喜欢什么小动物,我会毫不犹豫地说:"小金鱼!"在我家的书桌上,有一个鱼缸,里面有碧绿碧绿的水草、五颜六色的鹅卵石和两条活泼可爱的小金鱼,一只叫"金太阳",另一只叫"开心果"。

它们可爱极了!头大大的,尾巴又长又大,身子胖乎乎的,长满了鳞片。"金太阳"有一身金光闪闪的鳞片,仿佛武士们金色的盔甲,又像价值连城的龙鳞。它那灯泡似的大眼睛可特别哩!瞧,那眼睛上有一些血丝,一鼓一鼓的,看上去软乎乎的。它还有一个金色的大尾巴,好似一把金扇子。"开心果"有一身红色的铠甲。一片片鳞片鲜艳透明,美丽极了!它那圆溜溜的大眼睛,乌黑发亮,活像两颗黑珍珠,也像两颗黑宝石。

它们的生活可快活了!每天它们都自由自在地游着,它们一会儿游到东,一会儿游到西,一会儿藏在水里,一会儿又游到鹅卵石下面,它们是在藏猫猫吧!你可别看它们贪玩,它们可是有名的舞蹈家哦。它们一会儿摇头摆尾，一会儿又扭动着胖乎乎的身体，正在跳“水中芭蕾”呢，在碧绿的水草和五颜六色的鹅卵石衬托下，好似两颗金光闪闪的宝石。

这两条金鱼可贪吃了，每当我把鱼食扔到鱼缸里，两条金鱼便“六亲不认”了，争先恐后地游到水面上抢食吃。你抢一粒，我抢一粒，不一会儿，扔下去的鱼食就被这两条“馋猫”给消灭得干干净净，又眼巴巴地看着我，好像在说：“小主人，再给一点儿吧！这些食物还不够我塞牙缝呢！”可是，金鱼吃太饱也会死掉，我也只能忍痛割爱了！

金鱼还很顽皮，每当我少喂给它们一点儿，它们就像赌气的娃娃，给我来个轻度“绝食”。就拿上星期那事来说吧！那天我少喂了一点儿食，它们便噘起小嘴，开始绝食了。可过了一两天，我又抓了一小把鱼食扔进鱼缸里，它们再受不了鱼食的诱惑，又像往常一样争先恐后地抢食吃。我得意地说：“想和我斗？没门儿！”

我很喜欢我的小金鱼！它们既可爱活泼，又贪玩顽皮。它们不但可以美化环境，还能供人欣赏，给我带来无穷的乐趣！

美丽的热带鱼

毕悦杨

我家养了许多可爱的热带鱼，有调皮的“红美人”、温顺的“孔雀尾”，还有遍体通红、威风凛凛的“红剑”和尾巴带黑点的“咖啡

鱼"。它们色彩斑斓，舞姿轻盈曼妙，为我的生活增添了无限乐趣。

　　我非常喜欢这些小热带鱼，尤其是孔雀尾。这种小鱼公鱼身长约二点五厘米，身上点缀着青、红、蓝、灰几种颜色，再加上一条长长的几乎和身体一样长的大红尾巴，游动时，尾巴轻摆，五彩斑斓，真的像孔雀开屏一样漂亮。母鱼是灰色的，长约三厘米，身上偶尔有一点儿发光的淡淡的蓝色，尾巴较短，也如母孔雀一般朴素平凡。

　　每天闲暇之余，我就会去观看这些热带鱼。当我给它们喂食的时候，往往是一条鱼先发现鱼食之后，马上摆动尾巴围着鱼食转圈，好像是给同伴传递信息："赶快过来，有好吃的。"正玩得高兴的同伴们立即停止玩耍，迅速冲过来吃鱼食。圆圆的小嘴巴一张一合，敏捷极了。

　　冬天天冷时，我喂它们干鱼食；春天天气转暖时，我喂它们活鱼食。结果我发现，当它们吃活鱼食的那段时间，身体的颜色非常艳丽，远远的，就能看见它们的身体在闪闪发光；而吃干鱼食期间，它们的体色明显要暗得多。哈！原来它们也喜欢吃新鲜的美味呀！

157

　　不过它们还真的有"只认美味，不认亲情"的坏习惯呢——当鱼妈妈生下小鱼后，如果不及时把它们捞出单独喂养的话，小鱼们转眼之间就会成为鱼妈妈的美餐。我很纳闷儿：世界上怎么会有吃自己的孩子的妈妈呢？查了资料后我才明白，原来这是动物种群繁殖的本能。

　　这群可爱的小热带鱼已经伴我生活五年了，它们的出生、成长、死亡都牵着我的心，我希望它们能永远陪伴我愉快地度过每一天。

小河边的欢笑

五十年后的地球

谢世鸿

这天，我正在玩电脑游戏，突然屏幕一片空白，随后出现了一行字："五十年后的地球。"我好奇地点击它，原来是一些画面，我便看了起来。

画面上出现一座城市，一幢幢高楼拔地而起，楼与楼之间几乎没有空隙；马路汽车拥堵得如同一条长龙；天空中的飞机数不胜数，和汽车、火车一起排放"毒气"。虽然城市很大，但绿化在城市中犹如茫茫大海中的一个小岛。海洋上的船只多得互相撞击，浅海的鱼儿全"逃"到了深海。工业废气、废水、废物到处乱排，使得天空、陆地里的生物全部退化到海里，同时也加剧了土地的沙漠化，陆地上大部分土壤已成沙漠。海里水草丛生，使船只纷纷沉没。有的地方沉满船只，使得海水上涨，陆地渐渐变小，人类危在旦夕……这真令我吃惊！

突然，我眼前一黑，哇！我自己也进入了五十年后的地球。我坐在一张长凳上。"不，不，放我回去！"我大声嚷道。一个人走过来，对我说："这么繁华的地方，不可以大声吵闹！"啊？这也是繁华的地方？虽然有很多高楼大厦，但这些高楼大厦都屹立在茫茫沙漠之中。"我看你这人蛮正直，我带你去找食物吧。"那人说道。"啊？食物还要找啊？"我再一次吃惊。"怎么不要找？现在由于那些可恶的工厂不断排放毒气，污染环境，我们要吃的那些动物都跑到海里去了。所以我们只能坐潜水艇下海去找了。"他伤感地说道。"那你们怎么不种田？"我打破砂锅问到底。他有些不耐烦："自从人类发明了机器人后，人类便变得越来越懒惰，连菜都不想种了。""啊！"我第三次惊讶道。说着说着，我们便走到海边，坐潜水艇下海……

哇！人类如今变成这样的了，这就是我们不爱护环境，使得环境恶化的结果。要是人们从此痛改前非、保护环境，以后的环境一定不会这么糟糕的！

秋日倾城，秋月未央

刘慧莹

秋天的红枫似火，秋天的微风和煦，秋天的日光倾城，秋天的月色未央。

——题记

秋天是一个好季节。在不知不觉中掺入了些许夏的豪放与冬的凛冽，偶尔还带着春的柔情满怀。她迈过平原，迈过山峦，迈过原野，英姿飒爽地绽放在南国之巅，遥望江山万里。我们见到她时，她就站在那里，目光辽远而悠长。你不知她的内涵有多丰富。

秋风掠过，撩起空气中浮动的宁静气息。吹过那些已沉睡的树木，泛黄的枯叶就纷纷落下；经过田畔，金黄的麦浪洋溢着温暖，阳光洒在上面，镀了一层金光。秋风停在了红红的夕阳肩上，停在了少女的发梢。

午后的阳光柔和且温暖。你可以在阳台上捧一杯咖啡，读一本书。春天的午后还有些微寒，夏天太热，冬天太冷，只有这个时间正好。这时你完全可以放下平日所忙的学业、工作，只专注地享受。某一天的日光照耀在你的身上，那一天的日光倾城。

枫叶的红燃烧了一季的热情，张扬而肆意，这是任何一种枝头的枯叶都无可比拟的美。枫林的地上铺了一层厚厚的红锦，风裹着红叶翩翩起舞。嫩绿的叶子太娇柔，枯黄的叶子太憔悴，这一处红叶别有一番情致。映着晚霞，映着残阳，映着朝朝暮暮不相似的景色。它无论何时，都是那样一个鲜艳明媚的样子，灿烂了一个秋天。在那个季节，有一片红枫林，用明媚的红，明媚了这一季的颜色。

160

月亮最思念。在每个如水的夜晚，她在星星点点的微光中微微一笑。她有着神秘而凄清的色彩，用冷漠与孤寂来镌刻她的清高。她是不施粉黛、不染铅华的九天女神。月盈也好，月缺也罢。一夕成环、夕夕成玦不是她所愿。秋天的月亮显得冷静与从容，不管天下人如何盼如何念，她始终不为所动，该盈则盈，该缺则缺。很多人怨恨过她，总在离别时分外圆，也有很多人颂扬她，写过许多美丽的诗歌。她承载了太多离别的感情。于是，在那一个秋天，在繁华落幕的时候，在那片漆黑如墨的天上，月亮凝视着人间数千载的离合悲欢，用阴晴圆缺来讲述她自己的故事。

秋天，用微风，用红叶，用月色，来写意她的千般风华。秋的意境深远，她不像夏的大胆与热烈，也不像春的不胜娇羞，她有自己的风骨。任花开花落，云卷云舒，秋在流年里翩然而舞，把流年唱成一首歌。秋天是最美的那首。

卖草编的老人

黄杨锋慧

　　冬日的中午，积雪还未融化，点点残雪散落在各处。气温低得惊人，路上的行人更是少得可怜。可阳光却不畏这刺骨的寒意，竭尽所能，散发着光和热，全力阻止着寒意的侵袭，倒也添了几分暖意。

　　上完兴趣班，散步回家，远远望见路口坐着一个人。走近些看，是一位大约六十几岁的老人，身着靛蓝色的衣服，坐在路口的石阶上。他佝偻着背，略显单薄的衣物在寒风中飘动着，一顶已经掉色的灰色绒帽似乎是全身最保暖的物件了。老人似乎正忙着什么，手中的活儿一直没停下。冷了，便哈一口气，搓一搓手，继续忙。

　　走近了，我也终于看清了老人手中的活儿——老人正用草编织着各式各样的小动物。也不知是哪里的草，绿得出奇，全然不似冬日里的衰败气象。这草细得很，倒也极具柔韧性。老人将细草重叠在一起，一根压着一根。老人的双手交错着，上下翻飞着，一抽、一拉、一折、一压，根根交错，却也整齐。老人面前有一根竹竿，上面系着已经做好的小动物，蜻蜓、蝴蝶、青蛙……这本不属于冬天的物象，此时却以最生机盎然的姿态——绿色，给这严寒的冬日注入一丝活力。

　　这栩栩如生的草编勾起了我的童心，我忍不住俯下身来，轻轻抚摸着那个蝴蝶。

"爷爷，这个蝴蝶多少钱啊？"我问道，却早已对那蝴蝶爱不释手。

"三元。"爷爷笑着回答道，眼角的鱼尾纹却已泛起时光留下的涟漪。

"这么便宜？"我大呼出声，"这个蝴蝶做工这么精美，肯定不止值三元啊！更何况，爷爷您已经在这里做了这么久了，就是手工费也不止三元啊！"我不禁为老人感到惋惜。

"哪里哪里，"老人摆摆手，脸上却浮上了淡淡的笑意，"我也老了，干不了什么粗活，但总得做点儿啥吧。我也不指望能做啥大事，也就是靠自个儿的手艺编几个小物件。冬天了，人也怠了，这几个小玩意儿虽不是什么高科技，却也有点儿技术含量呢！能给大家找点儿乐子，我也就心满意足了。"老人饱经风霜的脸上渐渐绽开一丛笑，从前额到眼睛，再到嘴角，逐步展开。他那一双清亮的眼睛放出光来，透着一股祥和淡定，仿佛在无声地告诉人们，什么是幸福。

买下草蝴蝶，告别老人，我独自走在回家的路上。正午的阳光温暖着整个世界。正如我手中的这只草蝴蝶，用它独特的方式唤醒着春天。

红包事件

王 杉

秋风瑟瑟，枫叶飘零，又是一个惆怅的季节。伴随成长的节奏，泪水早已不再轻易流淌，能拨动心中悲伤的终究只有那最脆弱却最永久的亲情。面对眼前的倦鸟余花，我始终无法忘怀那令人难过的红包事件。

在我的记忆中，她总是不停地和我争吵，她总是那么唠叨，那么偏心。

那一天，远在他乡的姑姑来到了我家，原本欢乐的气氛却在将要告别的那一刻被沉重的气氛冲淡了。离别时，姑姑将两个红包分别塞入我和弟弟的手中，正当我们高兴不已时，奶奶突然说："不行，不行，不能拿姑姑的钱，姑姑都给你们买那么多好吃的了，快还给姑姑。"说着，奶奶开始向弟弟的手里夺，弟弟死死地拽住红包不愿交出。姑姑被逗得"扑哧"笑出了声，说道："妈，我那么久来一次，给孩子点儿零花钱是应该的。"奶奶是个死要面子的人，于是又急忙对我说："你比弟弟大，不能不懂事了。"那严肃而又坚决的眼神使我不得不交出红包。但我心中的委屈早已触痛了泪泉，泪花瞬间溢满了我的眼眶。

姑姑离开后，满肚子的委屈与愤怒终于爆发了，我大声哭闹着，埋怨奶奶的偏心，痛恨她的做作，就连她的劝说，甚至连她的道歉似乎也让我觉得厌恶。不知哭了多久，闹了多久，我觉得很疲倦，倒头便在沙发上迷迷糊糊地睡着了。

耳边回归了宁静，只有梦中的几声哭喊。睡梦间，朦胧中传来妈妈的声音："妈，您去打针吧，家里的碗我收拾，您得注意您的血压。""知道了，别忘了给丫头盖床被子，丫头身体弱，别给冻着了……"

梦中，那老人开始对我微笑，那一幅幅送我上学、为我洗衣的画面瞬间浮现在我的眼前。渐渐的，那位老人离我越来越远，我不断地追逐那熟悉的背影，得到的却只剩"奶奶、奶奶"的空灵回声。

噩梦使我猛然惊醒，不经意触碰到被子的温暖，还好，是梦。我依然拥有最慈祥的奶奶，泪水泅湿了枕头。

红包事件曾经令我难过，以为奶奶偏心，但现在令我难过的是我和奶奶在一起生活这么多年，而我却不能懂得奶奶给我的爱。

你我走过的日子

魏嘉兵

淡淡的金辉透过翻滚着的浪云，与远处的山峦和谐交融，桌上一杯醇香浓郁的碧螺春吐出缕缕青雾。你的笑容在缥缈的雾气中浮现，一对眼眸将这即将消逝的美丽留了下来。画面开始倒带，越来越快，回到你我走过的那段如梦的时光。

耀眼的阳光钻过翠绿的竹林，铺洒在高低错落的花丛中。田野里，你挑着一桶桶清水在菜地间来回忙碌着，似乎整个世界都被你用载满关爱的水花，浇灌得如梦幻一般美好轻盈。我呼吸着湿润的空气，坐在竹林间静静地看着你，对你傻笑。有时我还对你扔块小石子，你回过头来看看我，目光里满是慈爱。你额头上晶莹的汗珠滴落下来，滋润了这早春的阳光，野花小草也轻轻地吟唱着，时间却在你沉稳的脚步中慢慢流走。

傍晚，晚霞依旧耀眼，绯红的云朵飘浮在天边，与你我手中的风筝嬉戏。你说你累了，跑不动了。我于是也停下，陪着你一道走回家。回到院子里，你端出一杯热气腾腾的碧螺春和一杯热牛奶。我把热牛奶放在一边，拉着你到老槐树下的青石板上坐着。"爷爷，我来帮您捶背吧。"我对你说。"好，孙子乖。"你笑呵呵地背对着我。

小鼓似的咚咚声在你厚实的背上响起，我肉团似的小手有节奏地敲着，你的笑容如花般展开，柔美的歌声从你饱经风霜的嘴唇轻盈地飘出，如秋千般来回晃荡在我的心里。日子一天天随着你的歌声远去。

在那如梦的童年里，你长长的烟斗下总是有我笨拙地拿着火柴的小手，你宽阔的肩膀上总是有我摇摇晃晃的小脚，你的身旁总是有我欢快追逐的身影，年复一年……

这样的岁月不知过了多久，我该进城读书了。还是那片翠竹林，花朵们开得正艳，只是那耀眼阳光不知去哪儿了。你干脆利落地砍下一根绿油油的翠竹，说是要为我做一支箫。你把它架在岩石上，用膝盖抵着，握一把柴刀在上面专心地削着，嘴里还不停地念叨："外面有刺，不弄干净了，得伤手啊！"我当时并不为离开你而感到不舍，仍旧跑出去与伙伴们玩。直到天色晚了，该走了，我回到田野与你道别，才发现你仍旧坐在岩石上削着竹子，面无表情地削着，不停地削着。

我已忘了我是怎样离开的，总之没来得及收下你那支未做完的箫。

165

你我走过的日子像一条小鱼，在水里游来游去，想捉住它，它已经跑了。

深蓝的天空被窗棂划成几块，我捧起早已凉透的碧螺春，轻轻地一抿，童年熟悉的家乡味涌上心头。终于在此刻，我感受到你我之间浓浓的爱意，爷爷，那支箫你给我留着，它见证着你我走过的日子。也许，我明天就回来。